今注本二十四史

晋書

一

紀〔一〕

唐 房玄齡等 撰

梁滿倉 主持校注

中国社会科学出版社

圖書在版編目（CIP）數據

晉書／（唐）房玄齡等撰；梁滿倉主持校注．—北京：中國社會科學出版社，2021.12

（今注本二十四史）

ISBN 978-7-5203-9251-8

Ⅰ.①晉… Ⅱ.①房… ②梁… Ⅲ.①中國歷史—晉代—紀傳體 ②《晉書》—注釋 Ⅳ.①K237.042

中國版本圖書館 CIP 數據核字（2021）第 204420 號

出 版 人　趙劍英
項目統籌　王　茵
責任編輯　孫　萍　顧世寶　韓國茹　郝玉明　李凱凱
特約編輯　許微微　崔芝妹　張雲華　熊光照
責任校對　高文川　趙　威　郭清霞
封面設計　蔡易達
責任印製　王　超

出　版	中国社会科学出版社		
社　址	北京鼓樓西大街甲 158 號	郵　編	100720
網　址	http://www.csspw.cn		
發行部	010-84083685	門市部	010-84029450
經　銷	新華書店及其他書店	印刷裝訂	三河弘翰印務有限公司
版　次	2021 年 12 月第 1 版	印　次	2021 年 12 月第 1 次印刷
開　本	1/16	成品尺寸	228mm×152mm
印　張	467.25	字　數	5682 千字
定　價	1880.00 元(全 26 册)		

《今注本二十四史》工作委員會

《今注本二十四史》編纂委員會

《今注本二十四史》編輯部

《今注本二十四史·晋書》項目組

主 持 人　梁滿倉

成　　員　梁滿倉　陳久金　王榮彬　許微微　黄梓桐

《今注本二十四史》出版説明

二十四史，是中國古代二十四部史書的統稱，包括《史記》《漢書》《後漢書》《三國志》《晋書》《宋書》《南齊書》《梁書》《陳書》《南史》《魏書》《北齊書》《周書》《北史》《隋書》《舊唐書》《新唐書》《舊五代史》《新五代史》《宋史》《遼史》《金史》《元史》和《明史》。其成書時間自公元前二世紀下半葉至十八世紀中葉，前後相距約兩千年，總卷帙（不含複卷）達 3213 卷，共 4000 餘萬字。它們采用本紀、列傳、表、志等形式，構成了一個完整地記述清朝以前中國古代社會的著作體系。二十四史上起傳説時代的黄帝，下迄明朝滅亡，包容了我國古代的政治、軍事、經濟、思想、文化、天文、地理、民風、民俗等廣闊的社會内容，形成了一套展現中華民族起源和發展的最重要的核心典籍，被後人稱爲“正史”。世界上没有任何一個國家有如此内容涵蓋宏富、時間接續綿延、體例基本統一的歷史記載。

共同的歷史文化是一個民族賴以整體維繫的基本條件之一。而對歷史著作的不斷整合和續修，顯然有利於促進國家的統一、民族的團結、社會的進步。從《史記》到《明史》，不同地位、不同民族的史家和政治家，以同一體例連續不斷地編纂我們祖國發展演進的歷史，本質上反映了我國人民尋求構建多民族國家共同歷史的强烈願望。歷史上隨時把正史歸爲“三史”“十三史”“十七史”“廿一史”“廿二史”“廿四史”，不僅反映了人們對正史的認同，更重要的是反映了對共同歷史文化的認同，即民族的認同。而對正史進行大規模的整理，在另一個層面上，更有利於妥善保存民族文化遺產，豐富民族文化内涵，陶鑄民族文化精神，從而强化民族的尊嚴與自信心，提升國家的榮譽和國人對國家的歸屬感。

對二十四史進行整理，在此次之前規模較大的有三次。第一次是清朝乾隆年間，其成果是殿本；第二次是二十世紀三十年代張元濟先生組織的整理，其成果是百衲本；第三次即毛澤東同志倡議，由中華書局出面進行的整理，其成果是中華書局標點本。這一次是由張政烺先生等史學家倡議，由中華文化促進會主持編纂的今注，其成果是《今注本二十四史》。應當充分地注意到，這四次整理的發動，都有與其所處時代社會歷史息息相關的背景。乾隆朝的武英殿大量刊刻文化典籍，尤其是對二十四史的選本、校勘都經“欽定”，絶不是僅僅要製造盛世氣象；張元濟先生奔走於國難深重的二十世紀初的中國，“當中華文化存亡絶續之交”，有更深刻的原動力；毛澤東同志指示標點正史，倡議於中華人民共和國成立、百廢待舉之初；而我們如今正在進行的今注，則發軔於改革開放、萬象更新之時。這絕不是歷史的偶然。可以説，每每針對二十四史的重大舉措，都是應社會對具有主體性的統一的歷史文化需求而展開的。

當今世界，文化的融合過程逐漸加快，在共生的基礎上融合，在融合中保持共生，互補互融直至趨一。因此，各種文化都面臨着選擇。面臨選擇，充分展示本民族的歷史文化是學者們義不容辭的職責。而作爲歷史文化直接守護者的歷史學者，有責任爲世界提供對本民族歷史文化文本的正確詮釋，有責任努力爲民衆争取對民族歷史文化解讀的話語權。

《今注本二十四史》1994 年 8 月由中華人民共和國文化部批准立項，2005 年被中華人民共和國新聞出版總署列入“十一五”期間（2006—2010）“國家重點圖書出版規劃”。自 1994 年起，迄今已經進行了二十餘年。

《今注本二十四史》總編纂張政烺先生爲本書做了奠基性的工作。在他學術生命的最後時期，不僅親自審訂了最初的《今注本二十四史編纂總則》，還逐一遴選了各史主編。

《今注本二十四史》編纂委員會主要由各史主編與相關同仁組成。張政烺先生逝世後，根據多位主編的建議，我們陸續邀請了何兹全、林甘泉、伍傑、陳高華、陳祖武、卜憲群、趙劍英七位編委成立領導小組，全面指導編纂出版工作。他們爲本項目的編纂出版，付出了大量心血與智慧，没有他們的支持，本項目難以玉成。

本項目動員了全國三十餘所科研機構和高等學府的中

國古史專家共襄其事。全書設總編纂一人，執行總編纂二人，各史設主編一人或二人；某些特殊的“志（書）”如律曆、天文、五行（靈徵）等歸類單列，各設主編一人。各史主編自選作者，全書作者總計約三百人。多年來，他們薄利求義、任勞任怨、兢兢翼翼，惟敬業畢功是務，繼承和發揚了我國史學家捨身務實的優良傳統，爲本書的完成做出了不可磨滅的貢獻！

本項目啓動之初，老一輩的歷史學家王玉哲、王毓銓、陳可畏、張博泉、萬繩楠、楊志玖、楊翼驤、漆俠、薄樹人、韓國磐等先生不僅從道義上給予全力支援，而且主動承擔各史（志）主編。何兹全、林甘泉先生更是不厭其煩，爲編纂工作提出具體建議，爲項目立項奔走呼籲。執行總編纂賴長揚先生鞠躬盡瘁，承擔了大量繁雜的組織工作。現在，雖然以上先生已經辭世，但他們學術生涯的最後抉擇所表現出的對民族、對國家的崇高責任感，永遠值得我們銘記和學習！

本項目自動議始就得到了中華文化促進會及社會各界的回應與傾力支持。中華文化促進會主席王石先生、副主席段先念先生及前任領導人蕭秧先生在本項目立項、推動、經費籌措等方面辛勤奔走，起到了關鍵作用。

香港企業家黄丕通、劉國平先生在項目前期曾給予慷慨資助。

國家出版基金與中國社會科學院也給予本項目一定的出版資助。

四川省出版集團及巴蜀書社曾在編纂和出版方面起了重要的推動作用，已出版今注本《三國志》《梁書》。

《今注本二十四史》編纂出版工作，自 1994 年立項以來，一波三折、幾經沉浮。2017 年深圳華僑城集團予以鼎力襄助，全面解決了編纂出版經費拮据的問題，編纂出版工作方步入正軌。在此，編委會全體成員向深圳華僑城集團謹表達深深敬意和感謝！

鑒古知今，學史明智。中國社會科學出版社歷來重視歷史學及中國古代典籍的整理與出版工作，爲本項目組織專門團隊，秉持專業、嚴謹、高效的原則，爲項目整體的最終出版提供了重要保障。中國社會科學出版社將與各相關單位通力協作，努力將《今注本二十四史》打造成一部具有思想穿透力與廣泛影響力的精品力作，從而爲講好中國歷史、推動中國歷史研究做出貢獻。

謹以本書紀念爲弘揚中華文化而做出貢獻的歷史學家們！
謹以本書感謝爲傳承中華文化而支援和幫助我們的人們！

《今注本二十四史》編纂委員會
中國社會科學出版社
2020 年 6 月

《今注本二十四史》凡例

《今注本二十四史》在編纂過程中一共産生了四個總體規範性質的文件。這就是：《今注本二十四史編纂總則》（1995 年，2005 年 4 月修改，2017 年 8 月修訂）、《關於〈編纂總則〉的修改和補充意見》（2006 年 3 月）、《關於編纂工作若干問題的決定》（2007 年 1 月）、《關於〈今注本二十四史編纂總則〉幾點重要的補充説明》（2017 年 10 月）。它們確定了全書編纂的目的、特點及其具體操作規則。綜其要概述如下。

本書的基本特點是史家注史。工作主要集中在三個方面：版本的改誤糾謬；史實的正義疏通；史料的補充增益。由各史主編撰寫《前言》，扼要介紹該史所涉及的時代背景、作者生平、寫作過程、著作特點、史料價值、在史學史上的地位和研究概況。

本書的學術目標有兩個。一個是通過校勘，得到一套善本；一個是通過今注，得到一套最佳的注釋本。即完成由史家校勘並加以注釋的二十四史的新校勘新注釋本。它從史家的角度出發，集數百年以來學界的研究成果，采取有圖有文的注釋形式，力圖以新的角度、新的内容、新的形式，爲二十四史創造出一整套代表當代學術水準的、權威的現代善本。

一　校勘

1. 底本：原則上以商務印書館百衲本爲底本；因百衲本並非善本的另行確定底本。

2. 校勘：充分吸收包括中華書局標點本在内的前人的校勘成果，全面參校，以形成一個全新的校勘本。

各史采用的底本和參校本，在各史序言中寫出全稱和簡稱。整套書統一規定的簡稱有六個：武英殿本簡稱“殿本”；國子監本，相應簡稱“南監本”“北監本”；毛氏汲古閣本簡稱“汲古閣本”；同治五書局本簡稱“局本”；商務印書館百衲本簡稱“百衲本”。

校勘成果反映在原文中，即依據有充分把握的校勘結果，將底本中的衍、脱、誤、倒之處全部改正；刊正底本的理由，全部在相應注釋中加以説明。對無十分把握之處，不改原文，祇出校勘記質疑。

采用中華書局標點本爲工作本的史書，不録入原校勘記。直接吸收其校勘成果者則加以説明，對其提出商榷者在相應注釋中加以辨證。

二　注釋

1. 對有古注並已與原書集合行世的前四史，原則上保留古注，視同原文並加注。

2. 注釋程度：以幫助具有大專文化水準以上的讀者讀懂爲限；以給研究者提供簡要索引爲限。注文力求做到：準確、質樸、簡練、嚴謹、規範。

3. 出注（除一些專志外）以卷（篇）爲單位。即對應當加注者，在每卷（篇）第一次出現時加注。此後即使該卷（篇）中再出現，如意義完全等同者，不再加注；而在别卷（篇）再出現時，仍另行加注。有多卷的同類志書出注時視爲同卷，即同類志書對應當加注者在首次出現時加注，其後再現如意義完全等同，亦不再加注。

4. 注釋範圍：冷僻的字音、字義、詞義，成語典故；不易理解的名物制度、地名、人名、别號、謚號、廟號；有争議或原作記述有歧誤的史實等。

（1）字音、字義、詞義的注釋衹限於生僻字、異體字、避諱字、破讀和易生歧義及晦澀難懂的語辭。對多音字，在文中必讀某音的，以漢語拼音出注。避諱字的注文應説明避諱原因，原文原則上不改，出注。字音標注采用漢語拼音。

（2）對原文中的古體、通假、異體字的處理：古體、通假字不作改動，對其中罕見或疑難者，在注中説明其今體或正體字。全書原文和古注保留異體字，今注除人名、地名、書名和職官（署）名之外，原則上不使用異體字。

（3）成語典故，出注衹限於冷僻的成語典故，注文僅簡單説明成語典故來源、内容和意義。常見的詞語一般不出注，包括常見的古漢語虚詞與實詞，但某些不注會産生歧義者除外。

（4）人名、别號、謚號等，凡係本部書中没有專傳（或紀）的人物一般出注説明係何時、何地之人，姓、氏、名、字一般不出注，有特殊來源者，可出注。常見的歷史人物名號與某些不注無礙於全文理解者不必出注；對暫不可考者則説明未詳。

（5）地名注釋：一般僅注明今地；如須説明沿革方可解讀者，則簡述其沿革。本史有《地理志》者，地名出注從簡；若古今地名相同，所治地區大致相同者，則不出注。

（6）官名、官署名及職官制度和爵位制度名稱出注，遵循以下三個原則：常見者（如丞相、太尉、太守、縣令等），若其意義與通常理解無顯著變化，一般不出注；不常見者（如太阿、決曹、次等司等），應説明品秩、職掌範圍，需叙述沿革等方能理解原文意義者，則説明沿革變化、上下級關係、置廢時間；若本史有相應專志者，此類出注即從簡略；無相應專志者，可稍詳盡。

（7）原文與史實不符處，前後文不符處，則予以辯明。考證力求言之有據，簡明扼要。

（8）紀、傳注文以疏通原文爲目的，一般不采取補注、匯注形式。力求不枝不蔓，緊扣原文。各志（書）注文可采取補注、匯注形式，以求内容豐富、全面。

（9）對有争議的問題，客觀公允地羅列諸説，反映歧見；同時指出帶傾向性的意見。盡量不作價值評論性質的分析。

（10）今注出注各有重點："紀"（"世家""載記"）着重歷史事件；"傳"着重人物事迹及人際關係；"志"着重制度内容及沿革；"表"着重疏理時序。除《史記》外，注文内容貫徹詳本朝略前代的原則。

（11）注釋以段爲單位，統一順次編碼。出注（校）標碼與注文標碼一致，均采用［1］［2］［3］……標示。

校注側重學術性，努力吸收前人的研究成果，尤其是現代學者的研究成果，充分準確地反映當代二十四史學術研究現狀；爲相關專業的學者提供足資利用的準確原文和内容索引，亦爲一般文史讀者搭建起提高水準的階梯。

《今注本二十四史》編纂委員會
2017年10月

目　録

卷四　帝紀第四

卷五　帝紀第五

卷六　帝紀第六

卷七　帝紀第七

卷八　帝紀第八

卷九　帝紀第九

卷一〇　帝紀第十

卷一一　志第一

卷一二　志第二

卷一三　志第三

卷一四　志第四

卷一五　志第五

卷一六　志第六

卷一七　志第七

卷二六　志第十六

卷二七　志第十七

卷二八　志第十八

卷二九　志第十九

卷三〇　志第二十

卷三一　列傳第一

卷三二　列傳第二

卷三三　列傳第三

卷三四　列傳第四

卷三五　列傳第五

卷三六　列傳第六

卷三七　列傳第七

卷三八　列傳第八

卷三九　列傳第九

卷四〇　列傳第十

卷四一　列傳第十一

卷四二　列傳第十二

卷四三　列傳第十三

卷四四　列傳第十四

卷四五　列傳第十五

卷四六　列傳第十六

卷四七　列傳第十七

卷四八　列傳第十八

卷四九　列傳第十九

卷五〇　列傳第二十

卷五五　列傳第二十五

卷五六　列傳第二十六

卷五七　列傳第二十七

卷五八　列傳第二十八

卷五九　列傳第二十九

卷六〇　列傳第三十

卷六一　列傳第三十一

卷六二　列傳第三十二

卷六三　列傳第三十三

卷六四　列傳第三十四

卷六五　列傳第三十五

卷六六　列傳第三十六

卷六七　列傳第三十七

卷六八　列傳第三十八

卷六九　列傳第三十九

卷七〇　列傳第四十

卷七一　列傳第四十一

卷七二　列傳第四十二

卷七三　列傳第四十三

卷七四　列傳第四十四

卷七五　列傳第四十五

卷七六　列傳第四十六

卷七七　列傳第四十七

卷七八　列傳第四十八

卷七九　列傳第四十九

卷八〇　列傳第五十

卷八一　列傳第五十一

卷八二　列傳第五十二

卷八三　列傳第五十三

卷八四　列傳第五十四

卷八五　列傳第五十五

卷八六　列傳第五十六

卷八七　列傳第五十七

卷八八　列傳第五十八

卷八九　列傳第五十九

卷九〇　列傳第六十

卷九一　列傳第六十一

卷九二　列傳第六十二

卷九三　列傳第六十三

卷九四　列傳第六十四

卷九五　列傳第六十五

卷九六　列傳第六十六

卷九七　列傳第六十七

卷九八　列傳第六十八

卷九九　列傳第六十九

卷一〇〇　列傳第七十

卷一〇一　載記第一

卷一〇二　載記第二

卷一〇九　載記第九

卷一一〇　載記第十

卷一一一　載記第十一

卷一一二　載記第十二

卷一一三　載記第十三

卷一一四　載記第十四

卷一一五　載記第十五

卷一一六　載記第十六

卷一一七　載記第十七

卷一一八　載記第十八

前 言

朱大渭

唐初四海升平，君臣勵精圖治。唐太宗爲了唐皇朝始建基業的長治久安，很重視總結歷史經驗教訓，即位不久，便在貞觀三年（629）正式成立具有史館性質的秘書内省，以修南朝梁、南朝陳、北齊、北周、隋五朝史事。至貞觀十年，五史修成，合稱“五代史”。從貞觀十五年開始，補修了五代史志。貞觀二十年，唐太宗又下詔撰修《晉書》。[①] 唐修《晉書》計帝紀十卷、志二十卷、列傳七十卷、載記三十卷、叙例和目録各一卷，共計一百三十二卷。因目録置於書首，叙例佚失，故現存一百三十卷。其所記史事，凡西晉四帝五十三年，東晉十一帝一百零三年，共計十五帝，首尾凡一百五十六年（265—420）。關

① 據《唐會要》卷六三《修前代史》、《唐大詔令集》卷八一《修晉書詔》。

於匈奴、羯、氐、羌、鮮卑等少數民族及漢人張軌、李玄盛所建（前凉、西凉）偏霸政權的史事，則編入二趙、三秦、五凉、四燕、夏、成等十六國的載記和列傳之中。由於唐太宗親作宣、武二紀和陸機、王羲之二傳的“史論”四篇，故曾題名爲“御撰”。

一　關於《晋書》的編纂

關於《晋書》的參撰人員有多種記載，説法不一。綜合《唐會要》《册府元龜》等有關資料以及近人研究所得，參撰人員及其分工大致得以清楚。總監修三人：房玄齡、褚遂良、許敬宗；總編纂（制訂條例及總其成）四人：令狐德棻、敬播、李安期、李懷儼；分工撰修者十四人：來濟、陸元仕、劉子翼、盧承基、李淳風、李義府、薛元超、上官儀、崔行功、辛邱馭、楊仁卿、李延壽、張文恭、趙弘智。三類參撰人員共計二十一人，若把唐太宗計算在内，則爲二十二人。[①]《晋書》參撰人員的陣容，可以説是相當强大的。由於這二十二人主要來自當時關隴、山東、江南三大文化區，其中一部分人同南北朝文史名家有着家傳或師承關係，因而其文化基礎廣博深厚。他們的學業，除專長經、史、文學外，還通曉禮儀、刑法、食貨、

① 參見冉昭德《關於晋史的撰述與唐修〈晋書〉撰人問題》，《西北大學學報》1957年第4期；李培棟《〈晋書〉撰人續考》，《魏晋南北朝史緣》，學林出版社1996年版。上述論文對《唐會要》劉允之、《册府元龜》劉裔之、《新唐書·藝文志》劉引之其人有争議，故暫不列入以存疑。

天文、律曆、佛道、譜牒等學。這些人在唐初文化界，確是一個頗具代表性的高水平的修史集團。因此，《晉書》於貞觀二十年（646）閏三月開始撰修，至貞觀二十二年七月完稿，僅用了兩年零五個月的時間。[①]

唐高祖於武德五年（622）、唐太宗於貞觀三年（629）都曾下詔修前代史，其中均未提及新修晉史，何以直到貞觀二十年，晚年的唐太宗突然下詔，以十八家晉書“雖存記注，而才非良史，事虧實録”[②] 爲由，要重修晉史，而且太宗還極不尋常地親自參撰“史論”呢？這是同太宗晚年所處的政治形勢密切相關的。貞觀後期東征的失敗，使太宗對其統治後期矜於文德武功、驕奢漸滋的行爲有所醒悟。此外圍繞皇位繼承的激烈鬥争，皇子們“各樹朋黨，遂成釁隙”[③]，從而使太宗對諸子和勛臣猜忌叢生。貞觀十七年春天，在平定齊王祐叛亂後，又出現太子承乾謀反案，結果太宗廢二子，殺一子、一弟及一批勛戚貴臣。這一關係皇權能否鞏固的驚人要案，對晚年太宗心靈的打擊極爲沉重。他在處理現實政治鬥争以尋求身後皇權穩定的過程中，聯想起西晉統一王朝的短期覆滅正是肇始於皇位繼承不當和權臣干政，因而他要借修《晉書》以“覽古今之事，察安危之機”[④]，既總結西晉滅亡的歷史教訓，又表

① 唐修《晉書》的訖止時間尚有争議，此處據李培棟《〈晉書〉研究》，載《魏晉南北朝史緣》。

② （唐）李世民：《修晉書詔》，載《晉書》，中華書局 1974 年版。

③ 《舊唐書》卷七六《恒山王承乾傳》。

④ （唐）吴兢撰，謝保成集校：《貞觀政要》卷一，中華書局 2003 年版。

明其爲維護唐皇朝政權穩定所采取的各種措施的必要性。

太宗在《武帝紀·制曰》中首先指出，晋武帝的“驕泰之心”，使其“見土地之廣，謂萬葉而無虞；睹天下之安，謂千年而永治。不知處廣以思狹，則廣可長廣；居治而忘危，則治無常治”，“加之建立非所，委寄失才”，故而“賈充凶竪”，“楊駿豺狼”，其“禍心”得逞。接着又揭示：“惠帝可廢而不廢，終使傾覆洪基。全一人者德之輕，拯天下者功之重，棄一子者忍之小，安社稷者孝之大……所謂取輕德而捨重功，畏小忍而忘大孝。聖賢之道，豈若斯乎！”太宗進一步對西晋滅亡原因從理論高度總結説：“良由失慎於前，所以貽患於後。且知子者賢父，知臣者明君；子不肖則家亡，臣不忠則國亂；國亂不可以安也，家亡不可以全也。是以君子防其始，聖人閑其端。”[①] 這些歷史評論，顯然藴含着現實鬥爭的豐富内涵，既是歷史經驗教訓的總結，又是太宗對現實政治鬥争處理的自我表白，用以儆戒皇子和大臣，以圖穩固唐帝國的根基，使其千秋不墜。

同時，魏晋以來長期分裂割據、權臣篡位、戰亂不已，政權更替頻繁，這種“亂世”使儒家名教受到嚴重冲擊，尤其是忠君思想大爲削弱。隨着唐帝國大一統中央集權政權的建立，有必要全面地恢復封建統治的理論基礎，即兩漢以來儒家總結的封建倫理綱常和君權神授思想。所以在太宗將儒家名教核心“忠”“孝”確定爲基調之後，

---

① 以上見《晋書》卷三《武帝紀·制曰》。

參撰者以"君父居在三之極，忠孝爲百行之先"① 爲主題，並結合類傳的設計、傳主内容的取捨，以及史論的觀點，全面宣揚儒家的倫理綱常和天命學説，從思想理論上爲鞏固皇權大造輿論。雖説闡述封建倫理和天命觀，本爲封建史學的基本功能，但唐修《晋書》强調以此爲指導思想，結合時代背景和現實鬥争，更具有特殊意義。至於唐修《晋書》以"尊揚皇室，證明（李唐）先世之淵源"②，以及認爲前修諸晋史"未能盡善"等，顯然屬於次要因素。

重修晋史的班底組成，以及撰寫的指導思想明確後，還必須解決好廣泛搜集資料和汲取前人研究成果等問題。兩晋南北朝史學較發達，各家撰寫的晋史共三十一部，加上晋故事、晋舊事一類七部，晋史未撰成者六部，晋史注三部，各類晋史共計四十七部。這些歷史著述至唐初雖然多數散佚，但猶存十九家晋史。③ 其中用紀傳體撰寫的有王隱《晋書》九十三卷（存八十六卷）、虞預《晋書》四十四卷（存二十六卷）、朱鳳《晋書》十四卷（存十卷）、何法盛《晋中興書》七十八卷、謝靈運《晋書》三十六卷、臧榮緒《晋書》一百一十卷、蕭子雲《晋書》一百零二卷（存十一卷）、蕭子顯《晋史草》三十卷，以上共八家。用編年體撰寫的有陸機《晋紀》四卷、曹嘉之《晋

① 《晋書》卷八九《忠義傳·史臣曰》。

② 陳寅恪：《李唐氏族之推測》，《金明館叢稿二編》，生活·讀書·新知三聯書店 2001 年版。

③ 參見王樹民《十八家晋書》，《文史》第十七輯，中華書局 1983 年版。

紀》十卷、干寶《晋紀》二十三卷、習鑿齒《漢晋春秋》四十七卷、鄧粲《晋紀》十一卷、孫盛《晋陽秋》三十二卷、劉謙之《晋記》二十三卷、王韶之《晋記》十卷、徐廣《晋紀》四十五卷、檀道鸞《續晋陽秋》二十卷、郭季産《續晋紀》五卷，以上共十一家。① 這十九家晋史共計七百三十七卷，唐初亡佚一百二十卷，尚存六百一十七卷。而且最重要的王隱、何法盛、臧榮緒三家晋史基本全部保存，再補以其餘十六家晋史和其他資料，應該説兩晋歷史的主要資料基本被保留下來。

以西晋史而論，王隱《晋書》最爲重要，其體例紀、傳、志俱全。隱父銓“少好學，有著述之志，每私録晋事及功臣行狀”②。他搜集整理西晋史料，大約從咸寧元年（275）到元康五年（295），前後約二十年。王隱“博學多聞，受父遺業，西都舊事多所諳究”③。其曾勸好友祖納修晋史時説：“當今晋未有書，天下大亂，舊事蕩滅，非凡才所能立。君少長五都，游宦四方，華夷成敗皆在耳目，何不述而載之。”④ 此説亦可適用於他本人所修《晋書》。王隱於東晋初任著作郎，奉命修晋史。從太興元年（318）到咸康六年（340），他又繼續擴充資料並撰成《晋書》。王氏父子兩代人先後積四十年之功力，記録和撰寫了西晋

① 參見《隋書》卷三三《經籍志二》、《史通·外篇·古今正史》（曹聚仁校讀本，民國15年梁溪圖書館出版。以下本前言所引《史通》皆此版本）。關於十九家晋史卷數記載不一，此以《隋書·經籍志》爲準。

② 《晋書》卷八二《王隱傳》。

③ 《晋書》卷八二《王隱傳》。

④ 《晋書》卷八二《王隱傳》。

和東晋初年“華夷成敗皆在耳目”的史事。[①] 由於西晋末兩京傾覆，晋廷所存資料蕩然，因而王氏《晋書》爲以後所有修西晋史者所宗。[②]

劉宋何法盛修《晋中興書》，集諸家東晋史，“勒成一家，首尾該備”[③]。何氏修史時，離東晋較近，既吸取了前人有關的著述成果，又必然增補東晋朝所遺留下來的完整資料。[④]《晋中興書》也是紀、説（志）、傳俱全，可以説是一部較爲詳細完整的東晋史。

南齊臧榮緒所撰《晋書》，“括東西晋爲一書”，“紀、録（少數民族政權歷史）、志、傳百一十卷”[⑤]。臧氏《晋書》在唐初十九家晋史中，運用資料豐富，史實較爲完備，而且是唯一一部包含兩晋歷史的《晋書》。其資料和觀點雖主要采自王隱《晋書》和何法盛《晋中興書》，但實際上乃是集蕭齊以前衆家晋史之大成。故王鳴盛《十七史商榷》稱臧氏“勒成司馬氏一代事迹，各體具備，卷帙繁富，諒有可觀，即以之垂世，有何不可?”[⑥]

因此，唐修《晋書》以臧氏《晋書》爲藍本，在旁攝諸家晋史之精華外，又大量引用《世説新語》《語林》《搜

① 參見曹書杰《王隱家世及其〈晋書〉》，《史學史研究》1995 年第 2 期。

② 參見《晋書》卷八二《王隱傳》。

③ 《史通·外篇·古今正史》。

④ 《宋書》卷七四《臧質傳》記載東晋京城雖遭數次兵亂，但朝廷文籍無損。

⑤ 《南齊書》卷五四《臧榮緒傳》。

⑥ 《十七史商榷》卷四三《晋書唐人改修諸家盡廢》。

神記》《幽明録》《異苑》《華陽國志》以及數十部文集中之有關内容。我們將唐修《晉書》與湯球所輯九家《晉書》相核對，發現唐修《晉書》原文除主要取材臧氏《晉書》外，其采擷王隱《晉書》、何法盛《晉中興書》等亦多，而對其他各家晉史取材則較少。至於評騭兩晉人物，則多取孫盛"理直而正"[①] 的《晉陽秋》之説，並有所豐富和發展。關於《載記》部分，主要取材崔鴻《十六國春秋》，並參考臧氏《晉書·録》、魏收《魏書》列傳卷九五、卷九九所載各少數民族政權的資料。

總之，唐修《晉書》，既有豐富的資料可采，又有修成的包括紀、志、傳俱全的多部晉史可供利用。在此雄厚的晉史資料和成果的基礎上，經過衆多高水平參撰者的辛勤勞動，衹用了兩年多時間，二十五史中一部一百三十卷，約一百八十萬字的主要著作《晉書》，便告修成。

二　關於《晉書》的評價

對《晉書》史學成就的評價，自唐代以來主要有兩派意見。唐劉知幾在《史通》中曾對《晉書》作過整體性的評價。他在《采撰》篇中説："晉世雜書，諒非一族，若《語林》《世説》《幽明録》《搜神記》之徒，其所載或詼諧小辯，或神鬼怪物。其事非聖，揚雄所不觀；其言亂神，宣尼所不語。皇朝新撰《晉史》，多采以爲書。夫以干、鄧之所糞除，王、虞之所糠粃，持爲逸史，用補前

① 《晉書》卷八二《孫盛傳》。

傳，此何異魏朝之撰《皇覽》、梁世之修《遍略》，務多爲美，聚博爲功，雖取悦於小人，終見嗤於君子矣。”[①] 五代所修《唐書》（《舊唐書》）卷六六《房玄齡傳》云：唐修《晋書》“史官多是文咏之士，好采詭謬碎事，以廣異聞；又所評論，競爲綺艷，不求篤實，由是頗爲學者所譏”。清代《四庫全書總目提要》卷四五《史部一》綜合諸家貶斥意見之後説：唐修《晋書》“其所褒貶，略實行而獎浮華；其所采擇，忽正典而取小説，波靡不返，有自來矣”。並列舉其不當漏列烈士馬汧；不當删遺亮節之士郭琦事迹；尤不應“宏獎風流，以資談柄……是直稗官之體，安得目曰史傳乎！”最後競斷言：“正史之中，惟此書及《宋史》，後人紛紛改撰，其亦有由矣。特以十八家之書並亡，考晋事者，舍此無由，故歷代存之不廢耳。”這個結論實際上是對《晋書》予以全面否定，後學將《提要》意見視爲權威性評論，故其影響頗爲深遠。

但對《晋書》的評價，歷來還存在着另一派意見。北宋修《册府元龜》，其《國史部（三）》在撮録有關《晋書》修撰史實時指出：“莫不博考前文，旁求遺逸，芟夷蕪蔓，舉其精要……以臧榮緒《晋書》爲本，捃摭諸家傳記而附益之，爰及晋代文集，罔不畢記。”可以説，這是最早對《晋書》較爲全面肯定的評價。其中“舉其精要”“罔不畢記”，顯然是針對前人“務多爲美”“不求篤實”的一種反批評。清乾嘉著名史家趙翼在其《廿二史劄記》中評價《晋書》説：唐修《晋書》時，諸家晋書“時尚俱

① 《史通·内篇·采撰》。

在，必皆兼綜互訂，不專據榮緒一書也”[1]。首先肯定《晋書》博采衆家之長，自當勝過諸家晋史。趙氏雖沿襲“好采詭謬碎事，以廣異聞”的成説，但同時指出：“然當時史官，如令狐德棻等，皆老於文學，其紀傳叙事，皆爽潔老勁，迥非《魏》《宋》二書可比。而諸僭僞載記，尤簡而不漏，詳而不蕪，視《十六國春秋》，不可同日語也。”[2]趙氏更進一步肯定《晋書》多收表、疏、賦、頌等原始文獻，可見當時社會營競、談虚、選舉之弊等實情，此點最具史學慧眼。[3] 趙氏所論，乃是對唐修《晋書》從局部到整體全面公允的評價，以後贊同此論者，間有其人。

我們舉出上述兩種具有代表性的意見，可以窺見歷代評價唐修《晋書》之一斑。前者對唐修《晋書》基本上持否定態度，後者則基本上持肯定態度。20 世紀 80 年代以來，由於歷史科學空前繁榮，史學史研究隨之發展，史學新秀崛起，贊同後一派意見者漸多。

我們贊同後一派意見，因爲它符合唐修《晋書》内容的實際。關於《晋書》的史學成就，下面分六個方面來講述。

第一，兩晋一百五十六年，乃是我國秦漢以降最爲混亂的時期。西晋統一僅十一年便發生了長達十六年的八王之亂，緊接着又爆發了各族人民起義，隨之由五胡貴族和漢族張氏、李氏建立起十六國割據政權，以後長期形成南

---

① 《廿二史劄記》卷七《晋書》。
② 《廿二史劄記》卷七《晋書二》。
③ 參見《廿二史劄記》卷七《晋書二》。

北對峙、政權林立、分裂割據、戰亂不已的局面。因而兩晋的歷史，包容國别繁多，興亡無常，各國的族别、地域、時間、人物和史事等，可謂千頭萬緒，極爲紛繁複雜。唐初史家們經過深思熟慮後，在撰修《晋書》時，既以兩晋歷史爲主綫，又把其他各國政權擺在恰當的地位，並受前代史著的啓示，創造出一種嶄新的兼有紀、傳、志特點的"載記"體，完整地記叙了各偏霸政權的興亡。全書分紀、志、傳、載記四種體例，對兩晋和其他政權的各個方面，分門别類加以縷述。因而它對兩晋錯綜複雜的歷史格局，能够較爲完整系統地表述出來，不僅史事頭緒清楚、主次分明，而且比起其他諸家晋史來，更能反映兩晋時期中國歷史的全貌，顯示了唐初史家高超的撰史技巧和創造才能。

第二，唐修《晋書》在内容上有一個顯著的優點，就是"甚爲詳洽"，即内容十分詳盡充實。唐初修晋史時距兩晋較近，前人所修晋史及其相關資料足資參考者尤多，故能參酌群書，兼綜互訂而成。加之名家參撰，領導組織有方，保證了《晋書》在體例合理、史事完整、史料詳贍等方面，都超過了以往任何一部晋史。本紀中宣、景、文三紀，雖記漢末和曹魏時期史事，實爲追溯兩晋之所以能够建立的緣由。在列傳中徵引了傳主所作的各種類型的大量文獻資料，其内容十分豐富，史料價值也極高。其十志不僅從漢末寫起，在一定程度上彌補了《三國志》有紀、傳而無志的缺陷，而且對晋以前的典章制度加以概述，保存了不少前代有關各志的重要資料。如《地理志》的總述，記録了歷代地理建置的沿革流變，也寫出了歷代封國、州、郡等級以及户口增減情況，是一篇頗有價值的地理總論。《天文志》介紹了漢魏以來存在的蓋天、宣夜、渾天三種天體説，並肯定了渾天説。《律曆志》記載了《黄初曆》《景初曆》《春秋長曆》等三種曆法，是科學史的重要資料。《刑法志》記録了李悝《法經》片斷，乃是刑法史的寶貴材料。《裴秀傳》載《禹貢地域圖序》，保存了我國最早的地圖繪制法。《束晳傳》記録了《汲冢書》發現和整理經過，是有關文物、文獻的重要史料。[①] 同時，在最高統治集團的人物列傳中，用繪聲繪色的筆法揭露了其凶殘、篡奪、貪婪、鬥富、荒淫等卑劣行徑。《晋書》列傳最後一卷，集中記述了西晋末和東晋末大規模流民和農民起義，給王彌、張昌、王如、杜弢、孫恩、盧循等六位農民起義領袖立傳，對起義原因和鬥争過程記述甚詳，在正史對記述農民起義中可算是最突出的。

第三，唐修《晋書》最能表現其史識的，乃是在七十卷列傳中大量引用傳主所作疏、表、書、論、箋、箴、教、經、制、釋、誓言、頌、詩、詞、賦、書勢、書狀、制圖六體等各類體裁的文獻資料二百七十餘篇。在這些原始材料中，較爲集中地反映了西晋平吴、分封與宗王出鎮、九品中正制及選才任賢、徙戎與安邊、重農耕盡地利、興學校復禮儀、老莊思想、玄學、東晋北伐、皇室士族驕奢淫逸、貶抑浮虚、官吏貪殘腐敗、賦役繁殷、百姓凋弊、各族人民大流徙等有關兩晋經濟、政治、軍事、民

① 參見謝保成《隋唐五代史學》，厦門大學出版社 1995 年版。

族、社會、文化思想等方面的重大核心問題。其中最值得注意的，如《劉頌傳》的《論分封疏》，《劉毅傳》的《論九品八損疏》，《李重傳》的《論九品之弊疏》，《王沉傳》的《釋時論》，《皇甫謐傳》的《釋勸論》《篤終論》，《傅玄傳》的興學校、重農務諸疏，《江統傳》的《徙戎論》，《阮种傳》的“戎蠻猾夏”《對策篇》，《温嶠傳》的《軍國要務七條》，《裴頠傳》的《崇有論》，《王坦之傳》的《廢莊論》，《劉寔傳》的《崇讓論》，《魯褒傳》的《錢神論》，《郭璞傳》的《刑罰疏》，《范寧傳》的清吏治、省賦役諸疏，《王羲之傳》的三封《論東晋弊政書》，等等。上述各類原始文獻，乃是兩晋朝當事人對一系列重大政治、經濟、軍事、文化、學術思想、社會、民族等問題的看法，既有切合時弊的概論，又包含着許多具體史實和統計數字，大多揭示了歷史的真實。或指出兩晋政權有關軍國大政决策的得失，或反映了當時的一種時代風貌，對我們研究兩晋歷史至關重要。

第四，我國古代儒家提出的大一統思想，經秦漢統一封建專制主義政權的建立已成定型。自漢末至隋統一近四百年間，長期處於分裂割據和南北對峙，加之兩晋南北朝史家修史，或衹重兩晋而忽視十六國政權，或不從南北朝整體歷史出發，衹記本國歷史，而抹煞其他政權，這些必然使秦漢以來所形成的大一統思想受到削弱。唐皇朝實現統一后，要恢復大一統思想，以適應政治形勢的需要。唐修《晋書》在總體構思上正是根據大一統思想理論，重新設計、編纂、論述一個分裂時期中國歷史的全貌。它以兩晋政權爲正統，又以創新的“載記”體記述十六國政權，就是大一統思想在編撰史著方面的體現，從而解決了修史中如何以將漢族政權爲正統中心與少數民族偏霸政權融於一體的難題。這不僅做到了歷史分裂與修史全面的矛盾統一，更重要的是維護了大一統思想，對我國古代國家的統一富强，以及以漢族爲主的各民族的交往和融合都具有積極意義。

第五，我國自古以來就是一個多民族國家，其光輝燦爛的文化是以漢族爲主的各民族人民共同創造的，但長期以來在處理民族關係上，大漢族主義思想較爲突出。唐修《晋書》在“華夷一家”進步民族理論指導下，對民族關係的處理較爲公允。雖然“載記”中有“僭僞”字樣，但在史實叙述中，將東晋和十六國基本放在同等地位對待。因此，在整體字數安排上，東晋（與十六國大致同時）紀、傳共四十二卷，除去四夷、二涼三卷共三十九卷，約五十三萬七千餘字（除去《忠義傳》至《列女傳》等七卷中十六國人物所占字數）；十六國三十二卷（加上二涼兩卷），約四十三萬一千二百字，十六國歷史字數約爲東晋歷史字數的百分之八十，這個比例是相當高的。這就有條件對十六國政權記載較詳，包括族源、習俗、建國前活動和建國始末等。其國君主政史事，則按時間先後叙述，内容包括經濟、政治、軍事、文化、民族融合等各方面。而且，“載記”在記録十四國政權歷史時，較爲公允地既揭露其落後的一面，又肯定其應有的歷史地位。尤其對石勒、苻堅、姚興、慕容儁等一批杰出的少數民族政權首領的歷史作用，作了充分的肯定。《晋書》的各類傳大量收入十六國人物，如《儒林傳》收入五人，《隱逸傳》收入十三人，《藝術傳》收入十人，《列女傳》收入十四人，《忠義傳》收入五人，共計四十七人，占五個類傳總人數的三分之一强。假如減去西晋時期的人物，比例會更高。在《儒林》《藝術》兩類傳十六國人物的十五人中，大多入仕各少數民族政權，不少人身居要職。《忠義傳》中的韋忠，先守義於西晋太守陳楚，後盡忠於前趙政權劉聰。劉敏元仕劉曜爲中書侍郎，因贍護同縣的孤老，被譽爲忠義之士。《列女傳》在於褒獎“貞烈之風”，前趙劉聰妻劉氏、苻堅妾張氏、苻登妻毛氏、慕容垂妻段氏、段豐妻慕容氏、吕纂妻楊氏等皆予以列入。所有上述各項内容均可證明，唐初史家對《晋書》字數分配、内容繁簡、類傳人物的選擇，都是在對東晋和十六國基本同等對待的原則下，通過精心構思後設計和安排的。這種構思和安排，不僅全面地再現了十六國時期一百三十餘年北中國的歷史，而且也表明這段歷史是漢族和少數民族人民共同創造的。唐修《晋書》對十六國歷史如此重視，使人們能够進一步認識到，經過十六國一百三十餘年的民族鬥爭和融合，各族杰出歷史人物對十六國歷史發展的貢獻，各族優秀文化的結合，一同促進了北中國歷史發展的進程。隋唐大帝國統一政權的强大，中國封建制度的進一步完善，以及其光輝燦爛文化的出現，正是在十六國北朝民族大融合的基礎上産生的。

第六，《晋書》參撰者大多文學功底深厚，能嫻熟地掌握和運用古漢語，從整體上看，其叙事頭緒清楚，主次分明，行文言簡意賅，凝練遒重，通順流暢，絶少繁冗浮躁之風。這就是前文趙翼所稱的“爽潔老勁”，“簡而不漏，詳而不蕪”。此外，在《晋書》列傳、載記叙事散文之中，有不少篇章清新雋永，形象生動，寓論述於叙事之中，饒有文學情趣。如《姚弋仲載記》叙述石季龍死前召姚弋仲平定梁犢，弋仲當面稱季龍爲“汝”，數其過失，自稱“老羌”，“請效死前鋒，使一舉而了”，於是跨馬於庭中，問：“汝看老羌堪破賊以不?”且“策馬南馳，不辭而出，遂滅梁犢”。這段文字把一位羌族部落騎兵首領的粗魯率直、真誠無欺的表情和神態，描述得栩栩如生。又如《劉伶傳》記述竹林七賢之一的劉伶，一開頭便講述其容貌甚陋，言語寡，任情志，不妄交，唯與阮籍、嵇康“欣然神解，携手入林”，“以細宇宙齊萬物爲心”，接着又渲染他常乘鹿車携酒，使人荷鋤相隨，謂曰：“死便埋我。”隨後描寫他向妻求酒，從而演出一幕夫妻二人幽默詼諧的禁酒話劇。衹用了二百多字，便將一位不慕榮利、任情放遠、風流瀟灑的名士活靈活現地展示在讀者面前。《晋書》中這類史學文筆，包含有故事情節、典型環境、人物形象和内心活動，具有很强的文學性和可讀性。魯迅在《中國小説史略》第七篇《〈世説新語〉與其前後》中曾指出：“記人間事者已甚古……若爲賞心之作，則實萌芽於魏而盛大於晋，雖不免追隨俗尚，或供揣摩，然要爲遠實用近文藝矣。”鄭振鐸認爲這種“近文藝”的“賞心之作”爲

“未成形的小説”①。魯迅和鄭振鐸所指，當以《世説新語》和《語林》爲代表。《晋書》大量地摘録這類近乎文藝著作的素材，史家們在剪裁編綴修訂中，又或多或少地作了文學加工，從而更加深化了這些賞心之作的文學趣味。《晋書》的文學價值，不僅繼承了《史記》《漢書》光輝的文學傳統，而且帶有魏晋時期文藝素材雋永、幽默、詼諧、風趣的時代特徵。②

關於唐修《晋書》的缺陷，論者雖多，但不少是重複舊説。我們總結諸家的批評，擇其要者，並間下己意，總爲三端。③

第一，《晋書》出於二十餘人之手，而無名家作總體性的統一加工修訂，雖有敬播叙例，實難全面貫徹，因而有時體例不够規範化，或前後内容重複。最突出的是紀、志、傳、載記史實，有時互爲牴牾。如《懷帝紀》記永嘉四年（310）十一月，加凉州刺史張軌安西將軍。本傳謂永嘉（307—313）中拜帶都督鎮西將軍。《愍帝紀》記杜弢建興三年（315）八月“道死”。本傳中却説“弢乃逃遁，不知所在”。這是紀、傳記載互異。《孫盛傳》記孫盛父恂爲潁川太守，《孫楚傳》却作“孫洵”，並言其“未仕而早終”。這是傳與傳記載相互矛盾。《武帝紀》記咸寧五

① 鄭振鐸：《插圖本中國文學史》上册，上海人民出版社2005年版，第224頁。

② 參見李培棟《〈晋書〉的文學性》，載《魏晋南北朝史緣》。

③ 這裏主要采自趙翼《廿二史劄記》、錢大昕《廿二史考異》、王鳴盛《十七史商榷》、周一良《魏晋南北朝史札記》中有關《晋書》部分以及吴士鑑、劉承幹《晋書斠注》。

年（279）十月，“得竹簡小篆古書十餘萬言”。《束晳傳》作太康二年（281），《衛恒傳》則作太康元年。這是紀與傳、傳與傳記載互異。《慕容儁載記》云穆帝使謁者拜儁爲使持節、侍中、大都督、都督河北諸軍事、幽冀并平四州牧。《穆帝紀》但云假儁幽平二州牧。這是紀、載記内容互異。《李重傳》載“于時内官重，外官輕，兼階級繁多，重議之，見《百官志》”。然《晋書》有《職官志》，不稱《百官志》，且不載李重之議。《司馬彪傳》記泰始初，武帝親祀南郊，彪“上疏定議，語在《郊祀志》”。按《晋書》無《郊祀志》，唯有《禮志》，亦不載彪議文。這是紀、志記載不相顧及。所有上述諸條，皆因紀、志、傳、載記出自衆人之手，無一高手總其成，彼此不相檢照所致。參撰者抄録舊晋史文，不相統一，也是原因之一。

第二，我國古代史學名著，大多能廣稽百家，兼容衆説，而推雅取正。其核心是考信求實精神，要求撰史者有考求信史和實録的識斷。《晋書》在這方面也出現不少錯誤。如《皇甫方回傳》載王敦遣從弟廙代陶侃，“廙既至荆州，大失物情，百姓叛廙迎杜弢”。然據陶侃、王廙、杜曾三傳記載，荆州將吏拒王廙，乃在廙未到荆州之前。且所迎者爲杜曾，而非杜弢。《孝武帝紀》記太元十四年（389）六月，“荆州刺史桓石虔卒”。本傳云石虔監豫州揚州五郡軍事、豫州刺史，不爲荆州刺史，且卒於太元十三年。另據《桓石民傳》載，石民爲監荆州軍事、荆州刺史。石虔當爲石民之誤。恒温北伐“金城泣柳”事，本在東晋太和四年（369）第三次北伐，由姑孰赴廣陵，必經琅邪僑郡治所金城。《桓温傳》誤移於永和十二年（356）第二次北伐。此次北伐姚襄，由江陵赴洛陽，不得經金城。《王羲之傳》載：“（王）敦嘗謂羲之曰：‘汝是吾家佳子弟，當不減阮主簿。’（阮）裕亦目羲之與王承、王悦爲王氏三少。”此事采自《世説新語·賞譽》篇“阮光禄云”條：“王家有三年少：右軍、安期、長預。”劉孝標注稱：光禄爲阮裕，右軍乃羲之，長豫乃王悦，即王導長子，安期指王應，王導兄王含之子。而王承也字安期，乃太原王湛之子，他卒於元帝渡江之初，不得入琅邪王氏“三少”。上面兩條均爲采《世説新語》資料，未加深究而致誤。《王羲之傳》云：羲之爲會稽内史，“又遺尚書僕射謝安書”。按羲之爲會稽内史時，謝安尚未出仕。永和九年夏四月，謝尚爲尚書僕射。此時王羲之正爲會稽内史，故謝安當爲謝尚之誤。《天文志下》載：義熙七年（411）七月，“朱齡石克蜀，蜀人尋反，又討之……九年七月，朱齡石滅蜀”。而據《安帝紀》，齡石以義熙八年十二月西征，九年七月平蜀。顯然《天文志》所記出征時間爲誤。《天文》《律曆》《五行》三志，雖出自名家李淳風之手，但仍存在紕謬。如日蝕由於太陰之交，約一百七十三日一交，故未有不逾五月而再蝕者。《天文志》載：武帝泰始二年（266）七月丙午、十月丙午，九年四月戊辰、七月丁酉，十年正月乙未、三月癸亥，惠帝永康元年（300）正月已卯、四月辛卯等，皆有日蝕：並不滿一百五十天。以《宋書·五行志五》相較，則泰始二年唯七月丙午日蝕，九年唯四月戊辰日蝕，十年唯三月癸未日蝕，惠帝永康元年唯四月辛卯日蝕。沈約據兩晋實録，又合日蝕常規，必可據信。《晋書·天文志》中所載其他四處日蝕，當爲誤記。《地理志》缺漏尤多。如太康三年（282）以後逮懷、愍兩朝三十四年，郡縣沿革，概從闕佚。東晋地理沿革全無，其中僑州郡縣及十六國疆域志，與當時政治軍事鬥争關係密切，《地理志》却全然遺漏。凡此種種，皆反映出《晋書》作者群雖然文化層次較高，但其中多文咏之士，史學素養較差。他們對我國古典史學的優良傳統，即考信求實精神，以及史家必須具備的實證辨誤功夫，都缺乏深刻認識，更談不上功力深厚和潜心追求。而且，爲了迎合唐太宗身前修成《晋書》的急切心態，撰寫時間太緊促，一部一百八十餘萬字而史事非常複雜的《晋書》，共計不到兩年半撰成，資料徵引又太雜亂，根本來不及對資料的精審整理和對史實的仔細推敲。可以説，上述各點都是《晋書》出現各類史實紕謬和缺漏的主要原因。

第三，封建史家的著述，大多難以完全避免封建迷信，這是其史觀和史學功能所决定的。但由於他們的考信求實精神和學風嚴謹程度不同，其著作中封建迷信色彩濃淡也各異。應當承認，《晋書》中的封建迷信色彩是比較濃厚的。如《杜皇后傳》記："后少有姿色，然長猶無齒，有來求婚者輒中止。及（成）帝納采之日，一夜齒盡生。"《干寶傳》載，其父寵侍婢，其母妒忌，"及父亡，母乃生推婢于墓中"，"後十餘年，母喪，開墓，而婢伏棺如生……既而嫁之，生子"。《苻丕載記》云：前秦右丞相徐義爲慕容永所俘，"械埋其足，將殺之。義誦《觀世音經》，至夜中，土開械脱，於重禁之中若有人導之者”，遂南奔。《劉聰載記》載：劉聰死前，“鬼哭於光極殿”，其“子約已死，至是晝見”。《藝術・吴猛傳》説他有“神方”，還豫章時“江波甚急，猛不假舟楫，以白羽扇畫水而渡，觀者異之”。《藝術・佛圖澄傳》稱他“能役使鬼神”，石勒愛子斌暴死後，圖澄“取楊枝沾水，灑而咒之”，斌得復生。《桓温傳》記方士比丘尼有道術，於别室浴時，“裸身先以刀自破腹，决斷兩足”，浴後身體完好如初，等等。應當指出，《晋書》中的鬼神荒誕不經之説較多，既因采自當時鬼神志怪之書的資料，又受王隱、何法盛晋史中《鬼神録》的影響。雖説此爲敗筆，但又反映了當時人普遍崇拜宗教、鬼神的文化風尚，爲我們提供了研究當時人文化心態的素材，未可一概否定。正如吕思勉先生所説：《晋書》“荒怪”之説，“亦當時風氣使然”，“唐修《晋書》偶而存之，亦何足怪”①。

《史通・采撰》篇貶《晋書》“其事非聖”，“其言亂神”；《四庫全書總目提要》所斥“宏奬風流”，均屬偏激皮相之談，而非篤論。因爲兩晋之時，正是一個“非聖”“亂神”“奬風流”的時代，《晋書》如實記述當時文人學士風貌以及文化學術思潮，同時也大量記録了反對浮華和一些無神論思想的言論，正好從正反兩方面反映了兩晋歷史的真實，符合實録的原則。

儘管《晋書》存在着上述三點缺陷，但從全面考察，

① 吕思勉：《論〈晋書〉》，《吕思勉讀史札記》，上海古籍出版社1983年版。

其資料十分豐富，體例較完備而有創新，史事叙述頭緒清楚，處理東晋十六國的複雜關係較爲得體，行文簡潔精練而具有文學風采，且包含着某些古典史學的進步觀點。其基本上反映了兩晋十六國一百五十六年歷史的全貌，而且是記述這段歷史最爲完整的唯一一部史著。因此，我們認爲：南宋史家葉適在全面論述《晋書》時指出，其"得"占七八成，其"失"占二三成，乃是較爲公允的評價[①]，該評價完全符合《晋書》内容的實際。其他對《晋書》的肯定評價，如李宗鄴《中國歷史要籍介紹》，基本采用趙翼説。劉節《中國史學史稿》認爲"現在晋史算是一部好的正史"。尹達主編《中國史學發展史》，除對《晋書》某些觀點有所批判外，對《晋書》本紀、傳、載記的編排叙述，基本上作了全面肯定。瞿林東在《中華文明史》第五卷第十一章第一節對《晋書》的優缺點作了全面的論述，同意葉適的評價。我國臺灣學者廖吉郎在《六十年來〈晋書〉之研究》中指出：唐修《晋書》"雖不及《史》《漢》《三國》諸書，然以視唐宋以下諸史，猶當較勝一籌，其搜討之博，包羅之富，誠漢以後一偉大著作也"[②]。李培棟的《〈晋書〉研究》，對歷代貶斥《晋書》的不實之詞，作了全面有力的批評，從而將《晋書》的研究推進到一個新階段。

---

① 參見葉適《習學記言序目》卷三〇《晋書·總論》，中華書局1977年版。

② 廖吉郎：《六十年來〈晋書〉之研究》，臺北中正書局1974年版。

三　關於《晉書》的研究

《晉書》修成後，唐何超撰有《音義》五卷。劉知幾《史通》對《晉書》進行評價，貶多於褒。唐宋時期的《通典》《通志》《通考》以及《通鑑》兩晉部分的《考異》和胡三省注，對《晉書》的典章制度和史實内容，有所補闕正誤。但真正在《晉書》的文字校勘、編纂内容和典章制度研究方面取得重大成就者，當推清代、民國和新中國三個時期的學者。

清代學者有二十餘人用較大的精力，對《晉書》作了校勘、補正、考異、商榷等工作。其中成績顯著者，有錢大昕《廿二史考異》、王鳴盛《十七史商榷》、趙翼《廿二史劄記》、盧文弨《群書拾補》、張熷《讀史舉正》、周家祿《晉書校勘記》、丁國鈞《晉書校文》、勞格《晉書校勘記》、李慈銘《晉書札記》等。如果僅從校勘角度講，以周、丁、勞三人成就最爲突出。中華書局標點本《晉書》校勘記中，徵引清代學者校勘的，有周氏約一百六十六條，居首；丁氏八十二條，居第二；勞氏四十七條，居第三。如以對《晉書》校勘和全面研究而論，則錢、王、趙用功最勤。錢氏乃經史、音韵、訓詁、典制、地理、金石之通才，尤精於中西曆算，其《晉書考異》共計三百七十五條，而用力最多的是對《晉書》各志的正誤補遺，其條數占總數的百分之四十六。王氏博學有重名，其《晉書商榷》共約三百零九條（包括小條在内）。趙氏爲史學名家，其對《晉書》的多處評論，極具卓見。他們三人在校勘的基礎上更進一層，對《晋書》所記年、月、日、地名、人名錯誤，掌故釋疑，記事顛倒遺漏，禮、樂、天文、律曆、郡縣沿革、僑州郡縣遷徙的考辨銓釋，無不涉及，内容較爲豐富。清末以來學人對《晋書》的評論，不少源自錢、王、趙之説。

我國古典史學，立志以記朝章國典，而與紀、傳相表裏。典章制度常散見於紀傳史文，必須另外專門立爲一篇，方能見其首尾全貌。如禮樂興除、職官沿革、刑法删定、經濟盛衰、河渠通塞以及車服星變等事，諸史皆聚而各爲立志。《晋書》雖有十志，但不免闕略。《晋書·地理志》舛駁特甚，志中惟武帝一朝，懷帝以後，僅掇數語，東晋則不及。其時僑州郡縣，地異名同，千易百改，遷徙無常，而《晋書·地理志》皆爲空白。至於兩晋藝文方面，則全付闕如。因而清代學者首先重視對《晋書》的地理、藝文兩志的校正和補闕。《二十五史補編》所收《晋書》校補志十一種中，清人便有九種。洪亮吉《東晋疆域志》《十六國疆域志》，畢沅《晋書地理志新補正》，方愷《新校晋書地理志》，丁國鈞《補晋書藝文志》，秦榮光《補晋書藝文志》，均屬《晋書》補志開創之作，内容豐富，價值頗高。年表於史提要省繁，年月史實相繫，聚類彙總而便於尋檢。故梁啓超在《要籍解題及其讀法》中説："（撰史）表法既上，可以文省事多，而事之脉絡也具。"清人爲《晋書》補《諸王世系表》《宗室王侯表》《功臣世表》《將相大臣年表》《方鎮年表》以及《僭僞十二國將相大臣年表》等共十八種，除張愉曾《十六國年表》、練恕《西秦百官表》外，全爲萬斯同所作。西晋封爵雜亂，如泰始二十餘王，永嘉四十八王，既未詳其胄裔，更莫辨其名位。這些年表將西晋諸王初步理出頭緒，或關西晋亂起之由，或涉西晋、十六國職官和政治鬥争，稽檢方便，殊爲重要。總之，清代是對《晋書》進行全面校勘、編纂研究以及補志補表的開創時期，爲後代學者進一步研究《晋書》打下了基礎。

民國時期，用力於《晋書》者，頗不乏人。其成就斐然者，首推吴士鑑、劉承幹《晋書斠注》。該書分列"溯源""捃逸""辨例""正誤""削繁""考異""表微""補闕""廣證""存疑"十例。其内容旁搜博考，異者辨之、同者證之、謬者糾之、遺者補之，書法體例、聲韵訓詁，無不囊括。其資料搜求甚廣，凡經史子集、釋道諸部、敦煌遺書、流沙墜簡、外國史乘、類書、地理、方志、金石、考古等，悉心網羅，務求窮盡。據初步統計，凡引書三百二十餘部。[①] 吴氏力求吸取前人所有校勘注釋成果，實爲對他以前《晋書》校勘注釋的一個階段性總結。中華書局點校本《晋書》"校勘記"中徵引前賢校注最多者，即爲《晋書斠注》，總計近二百條，可見其對《晋書》研究之重要性。然而《晋書斠注》同任何宏篇巨製一樣，受個人和時代條件限制，如果詳爲審察，其内容既有可斟酌之點，亦有失誤之處。李步嘉在《〈晋書斠注〉

① 參見劉節《中國史學史稿》，中州書畫社 1982 年版；廖吉郎《六十年來〈晋書〉之研究》。廖氏所列爲三百一十多種。

疏誤管窺》一文中[①]，列舉“援引之失”“考證之失”“訓詁、句讀之失”“校勘之失”四大點，所示多爲的論。若從精細準確的角度講，則李文尤有未盡。不過，吴氏對《晋書》研究所作階段性總結的功績是不能否認的。由於此書對晋史研究極爲重要，亟須博雅君子盡快整理。學術界翹首以待。

民國學人繼清人爲《晋書》作志者，有吴士鑑《補晋書經籍志》，但在其《晋書斠注》中不曾提及，或爲早年著作，有所不滿者。黄逢之作《補晋書藝文志》[②]，用力最多，覃思博涉，歷時甚久。其《序例》説："今采本書紀傳，各家目録，《隋書》諸志，鄭、馬二《通》，旁及金石遺文，類抄古本，竊補闕略，以成此篇，凡四十家，一千二百八十八部，一萬一千九百九十三卷。卷數無考者二百七十九家。”黄氏之作，儘管王重民《補晋書藝文志》曾指出其偶有誤改或重録之失，但有關兩晋藝文，黄氏和清代丁氏之作，互有詳略補充，堪稱補兩晋藝文之代表作。又《晋書》藝文志之補者，多有異議，尤以釋家一類最爲突出。故劉國鈞纂成《三國兩晋佛典録》[③]，以補正諸家藝文志於釋道一類之歧異和不足。又有楊家駱精於目録之學，踵前人之成績，對兩晋著作存書與輯本，别爲《兩晋遺籍編》上下二篇，合三百三十三種。通過以上諸人的努

① 載《貴州文史叢刊》1991年第2期。

② 收入《二十五史補編》。本文凡涉及清人及民國人物爲《晋書》所補表、志，均見《二十五史補編》，開明書店1937年版。

③ 載《金陵學報》三卷二期。

力，兩晋經籍藝文，基本完備。

清末民初楊守敬以《晋書·地理志》問題最多，雖有清人補正，猶未盡意，故取材而繪爲圖。其所繪有《西晋地理圖》《東晋地理圖》前趙和後趙等十六國疆域圖。據稱此乃補畢、方兩家之缺陷。此外，所處年代稍早的徐文範，有《東晋南北朝輿地表》，對東晋南北朝地志也有整理補遺之功效。程旨雲撰《中國歷史地理·兩晋篇》，其篇首分弁言、晋代行政區域之演變、户口農田水利、都市與交通、邊疆民族、民族大遷徙、民族血緣與民族文化、結論共八篇，附有七表。各篇中又分有小子目。程氏認爲兩晋地理重點有三：行政區劃之演變、南北交通之要道、民族意識之反應等，其講述較詳。以行政區域之演變爲例，又細分爲晋初之行政區劃、行政區劃之調整、州郡之僑置——東晋行政區劃之再調整、十六國之疆域等五類來叙述。顯然，程氏兩晋地理篇之旨趣，已超越地理而深化到與地理有關的史實之研究。

民國時期，對兩晋職官之研究，以論九品中正制者最爲引人注目。而食貨方面則以占田、課田制論述較多。但上述兩方面的論著，質量較優者，似不多見。程樹德於《九朝律考》中，有《晋律考》三卷和《序》一篇，有關兩晋律令諸端，從資料上大體理出頭緒。此一時期，繼清人之後又補出《晋書》十四表。秦錫田《補晋宗室王侯表》，綜有爵位可考之宗室，所得五十四王，其有誤者則正之，漏者則補之，疑者則闕之，語簡而要，一般王侯爵位掌故，大致齊備。秦氏《補晋異姓封爵表》，對晋十三等封爵，分别制表以明之。於一爵之中，又以先後爲次，年代失考者列於後。有的關係其世次，而闕名待考者，或紀傳記載有誤應加刊正者，或世系無考者，秦氏皆隨文加案語説明，以便查閲。秦錫圭《補晋執政表》《補晋方鎮年表》，繼清周濟所撰紀傳體《晋略》之諸表之後。其《補晋執政表·序》云："周氏疏舛尚多，附列之人，牽連及之，可議尤衆。兹表之作，雖未敢以信後，然錯綜全書，詳加校訂，有審且慎焉。"其兩表凡有異周表者，皆逐處注明，以示補周表之不足。吴廷燮《晋方鎮年表》《東晋方鎮年表》，與萬斯同表體例各異，一重時序，依時而列諸鎮；一重方鎮，分州列表。體例既異，則内容記述有别，而吴表考證之多，尤非萬表所能及，顯見吴氏拾遺補闕之意。沈惟賢《晋五胡表》，以晋武帝泰始元年（265）起表，迄晋愍帝建興四年（316），每年之下，再分述有關西晋及諸胡史事。有關五胡之始興及寇亂之情由，且詳爲注釋，無論地域、種落、建國史實，旁徵博引，條理分明。清末繆荃孫撰十六國中的四凉、夏、北燕六國百官表，他在《後記》中説："萬季野（斯同）先生歷代史表有漢、趙、後趙、成、秦、燕、後燕、南燕九國將相大臣表，練立人（恕）補西秦百官表，今補後凉、南凉、西凉、北凉、夏、北燕六國表。"可知繆氏作表，乃補清人之所闕。其體例雖仿萬表，而博稽群書，按年比事，糾誤補闕，所得六國百官共三百八十四條，六國職官，可以分别查稽。至此兩晋十六國之志、表大略俱全，表、志之作告一段落。志、表中之重複者，或補其闕，或補其不善，除少數水平略低外，絶大多數互見詳略異同，各具短長，自可齊軫並驅，爲學人所用。故民國時期，是《晋書》研究的階段性總結及補志補表的最後完成時期，其成績是顯著的。[①]

新中國五十年來對《晋書》的全面研究，主要成就可分爲三個方面。

第一，校勘方面有全面總結吸收前人校勘成就的中華書局點校本《晋書》“校勘記”。中華書局點校本《晋書》最早爲吴則虞初點，並作了“校勘記”長編。楊伯峻和張忱石在吴氏基礎上，正式進行全面校點，並按統一體例出“校勘記”。《載記》部分則是由唐長孺校點的。全書“校勘記”共計二千一百五十六條（包括何超《音義》五卷注），减去重複的五十一條，共有二千一百零五條。楊、唐、張等自出“校勘記”爲校勘總數的百分之六十六，其餘吸取二十六家校勘和研究成果爲總數的百分之三十四。楊、唐等自校所出“校勘記”約占三分之二，足見其用功之勤。楊、張二人的校勘，以志爲最多，又可見其對典制之重視。以“校勘記”内容分類，對《晋書》原文衍、脱、錯字、字句倒誤的校勘共六百一十一條，訂正各種類型的人名錯誤三百二十九條，史實錯誤近一百條，記日干支錯誤九十二條，年、月時間錯誤一百一十七條，地名錯誤一百零三條。[②] 楊氏等校勘所用除宋、元、明、殿、百

① 關於民國時期對《晋書》的研究，本文參考了廖吉郎《六十年來〈晋書〉之研究》。

② 中華書局點校本《晋書》“校勘記”中，有的一條包含多項錯誤，故分項數目加起來較多。

衲本外，還采用敦煌石室《晋書》殘本，各種類書、典制、金石及《通鑑》原文、考異、胡注等古籍，可以説各種資料基本網羅殆盡。故所出之“校勘記”，絶大多數不是用一條或二條證據，而是用三、四、五、六條或更多的證據。這比清人校勘常衹用一、二條證據，有的雖指出錯誤，但不知何據，更具準確性和權威性。唯其搜集資料最爲豐富，所以其“校勘記”纔有可能比其他各家總和多出一倍。而且楊、唐、張氏等在采用其他各家校勘成果時，常用多條材料加以補正，這類補正各家的校勘記共二百七十九條，占所吸取前人校勘記的百分之三十八。因此，中華書局點校本《晋書》，不僅是目前所有版本中最好的，而且其所出“校勘記”對研究《晋書》和晋史，都具有十分重要的價值。

《吕思勉讀史札記》論《晋書》七條中，指出作爲唐修《晋書》之源的王隱《晋書》、孫盛《晋陽秋》價值頗高；《晋書》“予諸舊作，收獲必多”，意指其爲新創之史著，而非抄襲前人之作；以及《晋書》“荒怪”之説“亦當時風氣使然”諸點，皆爲評論《晋書》之高論。周一良關於《晋書》撰有札記五十三條①，其中有的實際上是短篇論文，對晋史多有創見；多數則是關於《晋書》編纂的史實、制度、名物、語詞的考訂辨識。由於周氏對魏晋南北朝史造詣很深，其札記水平頗高。如“《晋書》改易史料文字”“《劉元海載記》删略”“恨不殺汝”“李氏稱巴氏”諸條，均爲精彩之筆。其札記既揭示了唐人修《晋

① 參見周一良《魏晋南北朝史札記》。

書》時采集資料之得失，又澄清了某些史實真相。

第二，新中國成立後關於專門研究《晉書》的論文，有三十餘篇。其中内容包括唐代重修《晉書》的原因、編纂方針和指導思想、參纂人員、起止時間、取材來源、史實正誤、《載記》與《十六國春秋》的關係、《晉書》的文學性、對《晉書》的總體評價等。其中有些文章質量頗佳，所獲主要有三，其一是對唐修《晉書》的原因、指導思想、起止時間、參撰人員、取材來源等問題，基本予以解決；其二是對《晉書》的編纂方針和指導思想，也大體明確；其三也是最重要的點，是對《晉書》的史學價值給了一個公正的評價。因爲在千餘年對《晉書》貶多於褒的情況下，祇有新中國時期，學者用唯物史觀作指導，纔能突破封建傳統偏見，實事求是地對《晉書》的史學價值給予符合實際内容和價值的充分肯定，同時也指出其不足之處。可以説，這是對《晉書》在二十五史中地位的徹底翻案，也是對《晉書》史學價值的總體性認識的一個飛躍。

第三，新中國成立後史學界對魏晉南北朝史的研究碩果累累。據不完全統計，截止2008年，屬於斷代史的共有四部，論文集二十部，專著三十九部，中國通史或專史中有關兩晉卷共二十餘部，古籍整理七部。[①] 論文數量之多，尤爲可觀。學者對晉史的研究與對《晉書》的研究之間，既有區别又有聯繫。其區别在於，研究晉史主要在揭示其各個領域的客觀規律，對此不能苛求於古人；聯繫在於，

① 以上後四類指含兩晉和十六國史在内的著作，限於本人陋見，統計或有不盡。

在揭示歷史發展客觀規律時，必然會涉及兩晋歷史資料、典章制度、史實真僞、人物評價、文化遺産等，而這些同《晋書》的編纂又息息相關。因此，歷史學者對晋史的全面深入研究，爲《晋書》的編纂研究打了堅實雄厚的基礎。以官制爲例，陳仲安等《漢唐職官制度研究》[①] 中，對兩晋官制上承漢魏、下啓南北朝隋唐，作了明晰深入的叙述。祝總斌在《兩漢魏晋南北朝宰相制度研究》[②] 中，對兩晋三省制作了詳盡的研究，得出尚書臺（省）長官爲真宰相的正確結論，從而使兩晋複雜的三省長官行政職權的分屬清晰明瞭。黎虎在《漢唐外交制度史》[③] 中，對《晋書·職官志》完全闕如的兩晋中央和地方外交機構和官員職掌，首次提出並考辨甚詳。由張政烺、吕宗力主編的《中國歷代官制大辭典》[④] 兩晋部分由劉馳撰寫，其中對兩晋近三百種官職的源流、職掌和品級等都作了解釋，對《晋書·職官志》顯然是重要的詮釋和補充。再如《晋書·地理志》錯誤最多，新中國成立後除發表有六篇專論東晋僑州郡縣並對部分較集中的僑州郡縣進行考辨的文章之外，譚其驤主編的《中國歷史地圖集》第三册中西晋共繪有十五幅地圖、第四册中東晋十六國共繪有七幅地圖。除西晋、東晋、十六國疆域圖外，特繪有州郡管轄區域、

① 陳仲安、王素：《漢唐職官制度研究》，中華書局 1993 年版。

② 祝總斌：《兩漢魏晋南北朝宰相制度研究》，中國社會科學出版社 1990 年版。

③ 黎虎：《漢唐外交制度史》，蘭州大學出版社 1999 年版。

④ 張政烺、吕宗力主編：《中國歷代官制大辭典》，北京出版社 1994 年版。

治所和縣治所，還含一部分縣以下重要地名。東晉分州地圖中，專附有僑州縣表。[①] 郭沫若主編的《中國史稿地圖集》中，繪有兩晉疆域、北方少數民族分布與遷徙、西晉末各地流民起義、十六國各國疆域、淝水之戰、東晉末農民起義等十七幅地圖。[②] 經作者精心考辨後的上述地圖的繪制，對《晉書》錯漏較多的《地理志》，無疑是較爲全面的補充和正誤。

唐長孺《西晉田制試解》《魏晉户調制及其演變》兩文[③]，以及高敏主編的《魏晉南北朝社會經濟史》[④] 第六章第三節、第九章第二節中所講西晉田制户調，雖有分歧而又互爲補充，均對占田與屯田的關係、占田與課田內容的解釋、西晉户調與田租等史家多年争論的問題，提出了比較符合歷史真實的見解。《初學記》所引《晉故事》中關於西晉徵收田租的明確記載，就是在唐文中被第一次引用。此類研究對《晉書·食貨志》關於占田、課田記載模糊不清處，作了重要詮釋。

清人錢儀吉《補晉書兵志》過於簡略。何兹全在新中國成立前發表的《魏晉的中軍》《魏晉南朝的兵制》[⑤] 兩篇重要的論文，對魏晉兵制作了深入的闡述，其影響頗巨。

---

① 譚其驤主編：《中國歷史地圖集》第三册《三國西晉時期》、第四册《東晉十六國時期》，中華地圖學社 1974 年版。

② 郭沫若主編：《中國史稿地圖集》上册，地圖出版社 1979 年版。

③ 載唐長孺《魏晉南北朝史論叢》，三聯書店 1955 年版。

④ 高敏主編：《魏晉南北朝社會經濟史》，上海人民出版社 1998 年版。

⑤ 載何兹全《讀史集》，上海人民出版社 1982 年版。

新中國成立後在上述兩文的啓示下，又有兩部有關魏晋南北朝兵制的專著面世。[①] 兩書對兩晋兵制都作了深入系統的論述，使我們對兩晋兵制有了全面的了解。

在關於兩晋史研究的大量論文中，涉及《晋書》編纂各類問題者不勝枚舉。兹試舉數例，以窺一斑。如周一良《魏晋兵制上的一個問題》[②]，對魏晋"錯役"的認識頗爲重要。唐長孺《西晋分封與宗王出鎮》[③] 中提示，西晋人論分封與宗王出鎮問題，《晋書·職官志》不曾細察，綜合前人議論時删節失當，而把荀勖和楊珧兩人之論湊合在一起，似乎其意見相合。但經作者細緻爬梳剔抉後，發現荀勖在使諸王就國這一點上是同楊珧一致的，但在建立五等爵和諸王出鎮上却持異議。其論既符合歷史真實，又解决了《晋書》志、傳矛盾的問題。在有關兩晋歷史的重要論文中，許多都關涉《晋書》編纂問題，此不贅述。

總的説來，在新中國五十年史學大發展的氛圍中，史家對《晋書》的校勘、研究取得了空前的成就。這是一個對《晋書》校勘集大成的時期，同時也是將對《晋書》全面系統的研究提高到一個嶄新水平的時期。其成果無論數量和質量，都大大地超過了前人。實際上，對晋史和《晋書》的研究，二者是相輔相成的，後者爲前者的基礎，而前者又促使後者的擴展和深化。

---

① 參見陳玉屏《魏晋南北朝兵户制度研究》，巴蜀書社 1988 年版；高敏《魏晋南北朝兵制研究》，大象出版社 1992 年版。

② 載周一良《魏晋南北朝史論集》，中華書局 1963 年版。此文發表於收入文集時。

③ 載唐長孺《魏晋南北朝史論拾遺》，中華書局 1983 年版。

中國是一個具有五千年光輝歷史文化的偉大國家，對世界文明作出了重要貢獻。二十五史是中華民族歷史文化最核心的文獻典籍，它詳細地記述了中華五千年政治、經濟、社會、文化和民族發展的過程。我們過去對二十五史的整理做得較少，而整體歷史文化的研究工作同改革開放的深入發展和社會經濟繁榮的形勢不相適應。我們應盡快地將歷史文化研究推向一個高潮，改變以往被動局面。我們整理二十五史，乃是整體歷史文化研究工作中的重要一環，而且整理二十五史，需要深厚的國學基礎，趁一些前輩史學名家健在之機，應當抓緊做出顯著成績，爲進一步研究歷史文化各個領域創造先決條件。

四　《晋書》今注本的編撰目標、主要内容和學術價值

《晋書》今注本是“今注本二十四史”當中之一種，根據編輯委員會制定的《〈今注本二十四史〉編纂總則》，我們確定《晋書》今注本的編撰目標如下：

以“史家注史”的原則指導注釋工作，在校注中注意側重學術性，努力吸取前人的研究成果，尤其是當代學者的成果，充分而準確地反映出當代《晋書》學術研究的現狀，同時展現出史家對兩晋歷史重要專題的不同認識，從而爲專業學者提供一種集大成性質的研究資料索引，又爲一般讀者提供準確、簡明的注釋。

《晋書》今注本原文約一百八十萬字，注文近四百萬字，其主要内容，概括而言有點校文字、疏通史事、注釋

典章、考證訛誤等。

點校文字包括點和校。《晉書》今注本所用底本爲百衲本，所以首先要對其進行標點。這項工作前人已經取得了大量成果，尤其是中華書局點校本，可謂是沾溉史林，功德無量。然而並非完美無瑕。如卷二九《五行志下》："光熙元年閏八月甲申朔，霰雪。劉向曰：'盛陽，雨水傷熱，陰氣脅之，則轉而爲雹。盛陰，雨雪凝滯，陽氣薄之，則散而爲霰。'今雪非其時，此聽不聰之應。是年，帝崩。"中華本將劉向所説引至"此聽不聰之應"後。而"今雪非其時，此聽不聰之應"非劉向所言，所以我們在標點時把這句話移出引號之外。又如同卷載："成帝咸和六年六月，錢唐人家豭豕產兩子，而皆人面，如胡人狀，其身猶豕。京房《易妖》曰：'豕生人頭豕身者，危且亂。'今此豭豕而產，異之甚者也。"中華本將京房《易妖》之語引至"異之甚者也"。吴金華先生認爲引號應止於"危且亂"[①]，我們認爲甚是，便采納了這個意見。再如卷三三《石苞傳》"給節、幢、麾、曲蓋、追鋒車、鼓吹、介士、大車"句，幢麾是一種東西，當爲"節、幢麾"。此類問題不一一列舉。關於校改工作，主要是指出底本的錯誤之處，並用其他文獻加以對照。如卷五五《夏侯湛傳》："惟正月才生魄，湛若曰：'咨爾弟淳、琬、瑶、謨、總、瞻：古人有言："孝乎惟孝，友于兄弟。""死喪之戚，兄弟孔懷。"'""死喪之戚"，《詩·小雅·常棣》作"死喪之

① 參見吴金華、吴新江《〈晉書〉辨疑》，《古籍整理研究學刊》2000 年第 4 期。

威”。清馬端辰認爲，《晉書》作“戚”是因爲“威”“戚”形近而誤，《詩》以“威”與“懷”爲韵，若作“戚”，則非韵矣。[①] 又如卷四八《閻纘傳》閻纘上疏“又本置三率”句，引周一良先生考證：“據《晉書・職官志》，惠帝建東宫，置衛率。初曰中衛率。太始五年分爲左右，各領一軍。惠帝時，愍懷太子在東宫，又加前後二率。此言三率，疑有誤。”[②] 此外，底本中干支記日之誤據陳垣《二十史朔閏表》指出數十處，不一一列舉。

疏通史事除對一些難懂的字詞、典故作注釋之外，還有用簡練的文字對書中所記述的史事點明緣起，揭示背景、説明真相、概括要旨、列舉旁證等，目的是要讓讀者在閲讀史文之後，不僅懂得其文字的表面意義，而且要對重要史事的各個方面，諸如何以會發生，有何深層次背景，本書的記載是否準確真實，可以在何種文獻見到更詳盡的相關記載等，都有更爲深刻準確和清晰的瞭解。如卷三二《后妃傳下・贊曰》有“故劍辭恩”“援筆廢主，持尺威帝”“石文遠著”等語，在這些詞語背後，是一系列的歷史事件和典故。故劍辭恩，指司馬懿妻張氏因失寵欲絶食自殺之事。故劍，指原配之妻。典出《漢書》卷九七上《外戚傳上・孝宣許皇后傳》：漢宣帝即位前，曾娶許廣漢之女平君。即位後，公卿議立霍光之女爲皇后，宣帝乃“詔求微時故劍”。群臣知其意，乃議立許氏爲皇后。“持尺威帝”指庾后教訓東晉成帝之事。《困學紀聞》卷一

① 參見陳金生點校《毛詩傳箋通釋》，中華書局 1989 年版。

② 周一良：《魏晉南北朝史札記》。

三《考史》:“《后妃傳贊》:‘持尺威帝’。《庾亮傳論》:‘牙尺垂訓，帝深念於負芒。’按殷芸《小説》:晋成帝時，庾后臨朝，諸庾誅南頓王宗。帝問:‘南頓何在?’答曰‘黨峻作賊，已誅。’帝知非黨，曰:‘言舅作賊，當復云何?’庾后以牙尺打帝頭，云:‘兒何以作爾語!’帝無言，惟張目熟視，諸庾甚懼。”周一良先生曾引此事。[①]“石文遠著”指象徵晋朝祥瑞的石文遠去不明顯了。石文，《三國志》卷三《魏書·明帝紀》注引《魏氏春秋》:張掖郡發現帶圖的石頭，“麒麟在東，鳳鳥在南，白虎在西，犧牛在北，馬自中布列四面，色皆蒼白。其南有五字，曰‘上上三天王’;又曰‘述大金，大討曹，金但取之，金立中，大金馬一匹在中，大吉開壽’”。金爲晋朝的五行，所以，此石爲晋代曹魏的祥瑞之徵。

注釋典章是體現“史家注史”特色的另一重要方面。最能體現這個特色的是對《晋書》諸志的注釋。史書的《志》是對國家各種典章制度的記載，尤其是《禮志》《刑法志》《輿服志》《職官志》《地理志》《食貨志》等，涉及國家的政治、經濟、文化等方方面面的制度。《晋書》今注本對這些《志》采取了彙注方式，即不厭其詳、不厭其繁，彙集了大量的歷史資料和研究成果，以幫助讀者深入詳細地瞭解這些制度，或爲研究者提供研究資料索引。除了詳注各《志》以外，在紀傳的注釋方面，也力求用簡練的文字或加以説明，或提供索引。如卷九〇《曹攄傳》:“掾吏固争，咸謂不可。”今注引用了吴金華先生的觀點，

---

① 參見周一良《魏晋南北朝史札記》。

認爲"吏"應作"史"。"掾史"連文，屢見於六朝文獻。吴先生援引楊鴻年《漢魏制度史》指出："漢世，上自三公，下至郡縣，佐屬地位高的稱掾，低的稱史。"① 這樣既辨析了正誤，又揭示了古代官僚制度的一個常識，也提供了漢魏制度研究的索引。又如卷二七《五行志上》有"胡床"一詞，今注注釋："魏晋時傳入中原的少數民族用的輕便坐具，又稱交床。朱大渭先生《中古漢人由跪坐到垂脚高坐》一文中有論述（參見朱大渭《六朝史論》，中華書局1998年版）。"在解釋胡床的同時，也爲讀者提供了進一步了解當時起居生活的文獻索引。

考證訛誤對《晋書》而言是非常必要的工作。由於《晋書》成於衆手，修史者又或爲文士，因而其中史文存在的問題諸如記載不確、時間倒錯、相互矛盾之類，數量頗多。既然是"史家注史"，理當對史文的訛誤進行盡可能徹底的清理、考辨和駁正。在這方面，學界做了大量的工作，有許多成果可以吸收。如卷一《宣帝紀》"魏文帝即位"句，《三國志》卷二《魏書·文帝紀》載："太祖崩，嗣位爲丞相、魏王。"卷五《魏書·文昭甄皇后傳》載："延康元年正月，文帝即王位，六月，南征，后留鄴。"卷一四《魏書·蔣濟傳》載："文帝即王位，轉爲相國長史。及踐阼，出爲東中郎將。"吴金華先生認爲，所謂"即王位"，指嗣魏王之位，兼丞相之職，是史家用來區别"踐祚""受禪"的習語。司馬懿此時"轉丞相長史"，正

① 參見吴金華、吴新江《〈晋書〉辨疑》，《古籍整理研究學刊》2000年第4期。

值曹丕身爲魏王之際；從下文“及魏受漢禪，以帝爲尚書”的記載來看，這裏的“即位”應當是“即王位”的脱文。[1] 再如同卷下文有“仁遂焚棄二城”句，《三國志》卷九《魏書·曹仁傳》載，東漢建安二十三年（218），曹仁被任爲“行征南將軍，假節，屯樊，鎮荆州。侯音以宛叛，略傍縣衆數千人，仁率諸軍攻破音，斬其首，還屯樊，即拜征南將軍”。關羽圍襄陽兵敗後，被召回屯宛。“孫權遣將陳邵據襄陽，詔仁討之。仁與徐晃攻破邵，遂入襄陽，使將軍高遷等徙漢南附化民於漢北，文帝遣使即拜仁大將軍。”可見曹仁離開襄陽是被調到宛縣，而作爲都督荆州軍事，始終控制襄陽、樊城，並無焚棄二城之事。[2] 又如卷九《孝武帝紀》“荆州刺史桓石虔卒”句，據熊賢漢先生考證，桓石虔未做過荆州刺史。第一，據《晋書》卷七四《桓彝傳》及附傳，桓氏家族首任荆州刺史者爲桓温，繼之者爲桓沖、桓石民。桓石民卒於太元十四年（389），桓石虔卒於太元十三年，没有桓石虔繼任桓石民之可能。第二，《晋書》卷七九《謝安傳》載：“是時桓沖既卒，荆、江二州並缺，物論以玄勛望，宜以授之。安以父子皆著大勛，恐爲朝廷所疑，又懼桓氏失職，桓石虔復有沔陽之功，慮其驍猛，在形勝之地，終或難制，乃以桓石民爲荆州，改桓伊於中流，石虔爲豫州。既以三桓據三

① 參見吴金華、吴新江《〈晋書〉辨疑》，《古籍整理研究學刊》2000 年第 4 期。

② 參見郭秀琦、郝紅紅《〈晋書·宣帝紀〉曹仁“焚棄二城”辨誤》，《陰山學刊》2005 年第 3 期。

州，彼此無怨，各得所任。其經遠無競，類皆如此。”明確記載桓石虔没有任荆州刺史的原因。第三，據《王忱傳》記載，繼桓石民之後做荆州刺史的是王忱。[①] 諸如此類的問題還有許多，不一一列舉。

一部優秀的、有價值的古代史籍整理著作應當具有以下幾方面的特點：第一，它能爲讀者提供一個文字校勘更爲完善、語句標點更爲允當的讀本。其校勘、標點的品質，應當明顯高於現今傳世的所有版本，從而達到校勘標點的最新水準。第二，它能對原本中存在的訛誤進行比較全面的清理和細緻的考辨，不但能够吸收前人考辨的成果，還能够發現前人所未發現的訛誤，從而對該史書的讀者不受誤導，對史實有一個更加真實、準確的瞭解。第三，它不僅吸收史籍整理方面的成果，而且吸收前人的相應歷史研究的成果，將重要的成果引録到注釋之中，從而爲學術界的相關學者提供一種集大成性質的研究資料索引。

以上幾個特點，也是《晋書》今注本所要努力達到的目標。不敢説《晋書》今注本已經完全達到了這樣的水準，但至少可以説爲上述幾個方面打下了堅實的基礎。因此，我們對讓《晋書》今注本成爲當今最好的版本，成爲體現一家之言的版本充滿信心。現在，我們僅將拙作奉獻於讀者面前，敬請學術界同仁及廣大史籍愛好者指教。

① 參見熊賢漢《〈晋書〉辨誤三題》，《咸寧師專學報》1984 年第 1 期。

例　言

今注本《晋書》充分吸收前人和今人的研究成果，在此基礎上對史實進行正義疏通，對版本正誤糾謬，增益補充史料，體現“史家注史”的特點。志的部分基本采用彙注形式，盡可能多地爲專業研究者提供所需史料。如《地理志》於卷首對十六國疆域作了詳細補充。紀、傳部分則兼顧大專以上文化水準讀者的需要，以簡練明晰的注釋疏通文意，注釋語詞背後的古代歷史與文化知識，使一般文史愛好者能順利地讀懂《晋書》原文。在注釋體例上，《晋書》今注嚴格遵守《〈今注本二十四史〉編撰手册》（2017）體例規定，同時本書項目組針對該書特點做出補充規定，形成體例細則。

一、今注本《晋書》以商務印書館百衲本（簡稱“原本”）爲工作底本，以國家圖書館館藏宋刻本（簡稱“宋本"）、乾隆四年校勘武英殿本（簡稱"殿本"）、中華書局點校本（簡稱"中華本"）爲通校本，必要時參校其他版本（詳見本書《參考文獻》第一部分"校本類"）。

二、版本校勘出注原則：1. 原本、宋本、殿本之間，除繁簡用字不同（如國国、萬万）、完全等義異體字用字不同（如診詠、博慱）外，凡異文均出注説明。中華點校本與以上三個版本不同者，非必要不出注。2. 原則上不對原本作改动，若原本有誤且有版本依據者，改正同時出注説明。異文正誤的判斷，充分尊重、吸收包括中華點校本在内的前人相關研究成果、校勘考訂成果，參考多數文獻記載酌情而定，難以判斷者則標注不同，存疑待考。若原本有誤且無版本依據，衹出注説明，非必要、不影響閱讀情況下不作改動。

三、盡可能吸收近年來《晋書》校勘方面的新成果，同時全面吸收中華本校勘成果。對中華本校勘記，必要處直接引用原文，有的則加以進一步説明，欠妥處予以更正（參見附：中華本《晋書》校勘記用書簡稱）。

四、全書分段、標點參照吸收了中華本，稍作調整，同時對其分段、標點失當和不盡妥帖處作出改易。其中，本紀一般以一年爲一自然段，一年中内容較多，則根據具體情況劃分多自然段。志、傳、載記則根據内容加以劃分。例如《天文志》就是依照天象以及對應的史傳事驗重新分段。

五、在異體字、通假字處理上，除少數人名、地名、職官名外，凡異體字（如勳、棲、朞、甯、迺、弔、災）

均改爲通行正字；通假字則予以保留。

六、原文存在的簡體字，除于、只、才、克、布、并等古籍文獻常用一對多簡體字外，如国（國）、迁（遷）等一對一簡繁字均改爲相應繁體字。

七、避諱字，除涉及紀年者改動並出注外（如天干“丙”，唐人避諱作“景”），其他情況衹出注説明（如“虎”，唐人避諱作“武”）。

八、本書目録結合原本目録、中華本目録加以重新整理，力争做到詳盡、合理。

九、常見的歷史人物與某些不注無礙於全文理解的（事迹不詳的）人名、字號、謚號不出注。凡《晋書》中没有專門紀、傳（包括附傳）、載記及附傳的人物作簡要介紹（字號、時代、籍貫、當時身份及與《晋書》有關的事迹等），所封爵位不注。在《晋書》中有傳、載記而非著名歷史人物注出卷數，衹有字號或名字省略的人物注全名字和卷數。本卷中出現的人名，不再出注。

十、古地名一般衹注釋始置時代、晋時期治所與今地名，不注沿革。《地理志》例外。所注今地名及其所屬的行政區劃，以中國地圖出版社出版《中華人民共和國行政區劃簡册》（2019）爲準。

十一、常見官名不注。一般官名簡注，内容主要爲兩晋時期的執掌、官品，不注沿革。不常見的官名詳注，内容包括當時官品、執掌、隸屬關係等。《職官志》例外。

十二、所釋語詞如過於生僻，則加例證或引史料佐證説明，以便讀者理解。原文與史實不符或前後文牴牾，則加以辨明。對有争議的問題，則客觀公允地羅列諸説，反映歧見，同時表示帶傾向性的意見，但不作價值評判或性質判斷。

十三、有與原文相關的本書互見史料、其他典籍資料、新材料及考古資料，視具體情況引用補充。如稍有提示作用者僅列篇目信息供讀者參考，較爲重要者則大段徵引。

十四、同卷中出現的同一名物，衹是稱呼不同，或有全稱、簡稱之差别（如同卷出現“韓信”“信”、“著作”“著作郎”），一般再次出注，但注文文字略省。

十五、《參考文獻》之“文獻類”，依照《書目答問》分類標準排列。

附：中華本《晋書》校勘記用書簡稱

1.《資治通鑑》簡稱《通鑑》

2.《太平御覽》簡稱《御覽》

3.《藝文類聚》簡稱《類聚》

4.《北堂書鈔》簡稱《書鈔》

5.《册府元龜》簡稱《册府》

6. 勞格《晋書校勘記》簡稱勞校

7.《隋書·天文志》及該書各志均簡稱《隋志》

8.《宋書·天文志》及該書各志均簡稱《宋志》

9.《後漢書·郡國志》及該書各志均簡稱《續漢志》

10.《漢書·地理志》及該書各志均簡稱《漢志》

11.《魏書·地形志》及該書各志均簡稱《後魏志》

12.《三國志》魏、蜀、吴各《書》分别簡稱《魏志》《蜀志》《吴志》
13. 武英殿本簡稱殿本
14. 明周若年本簡稱周本
15. 金陵書局本簡稱局本
16. 商務印書館影印百衲本簡稱宋本
17. 毛晋汲古閣本簡稱毛本
18. 明吴氏西爽堂本簡稱吴本
19. 元大德九路刊本簡稱元二十二字本
20. 何超《晋書音義》簡稱《音義》
21. 錢大昕《廿二史考異》簡稱《考異》
22. 王鳴盛《十七史商榷》簡稱《商榷》
23. 丁國鈞《晋書校文》簡稱《校文》
24. 張熷《讀史舉正》簡稱《舉正》
25. 吴仕鑑《晋書斠注》簡稱《斠注》
26. 盧文弨《群書拾補》簡稱《拾補》
27. 李慈銘《晋書札記》簡稱李校
28. 畢沅《晋書地理志新補正》簡稱畢校
29. 周家禄《晋書校勘記》簡稱周校
30. 馬與龍《晋書地理志》簡稱馬校
31. 方愷《新校晋書地理志》簡稱方校
32. 李鋭《乾象術注補》簡稱李注

參考文獻

一　校本類

唐・房玄齡等:《晋書》, 中國國家圖書館館藏宋刻本（通校本）。
唐・房玄齡等:《晋書》, 清乾隆四年校勘武英殿本（通校本）。
唐・房玄齡等:《晋書》, 中華書局 1974 年點校本（通校本）。
唐・房玄齡等:《晋書》, 美國哈佛大學哈佛燕京圖書館藏宋本。
唐・房玄齡等:《晋書》, 明萬曆十年修補南監本。
唐・房玄齡等:《晋書》, 明萬曆二十四年刊北監本。
唐・房玄齡等:《晋書》, 明崇禎十一年毛氏汲古閣本。
唐・房玄齡等:《晋書》, 清光緒五洲同文局石印本。

二　文獻類

清・阮元校刻:《十三經注疏》, 中華書局 1980 年版。

陳金生點校：《毛詩傳箋通釋》，中華書局 1989 年版。
漢・韓嬰撰，屈守元箋疏：《韓詩外傳箋疏》，中華書局 2012 年版。
楊伯峻編著：《春秋左傳注》，中華書局 1990 年版。
朱振家：《論語全解》，上海古籍出版社 2014 年版。
清・郝懿行：《爾雅義疏》，上海古籍出版社 1983 年版。
《春秋運斗樞》，《緯書集成》本，上海古籍出版社 1994 年版。
《龍魚河圖》，《緯書集成》本，上海古籍出版社 1994 年版。
漢・班固撰集，清・陳立疏證，吴則虞點校：《白虎通疏證》，中華書局 1994 年版。
唐・陸德明撰，張一弓點校：《經典釋文》，上海古籍出版社 2012 年版。
漢・許慎撰，清・段玉裁注：《説文解字注》，上海古籍出版社 1981 年版。
周祖謨：《廣韵校本》，中華書局 2004 年版。
漢・劉熙撰，清・畢沅疏證，清・王先謙補，祝敏徹、孫玉文點校：《釋名疏證補》，中華書局 2008 年版。
漢・司馬遷：《史記》，中華書局 1959 年版。
漢・班固：《漢書》，中華書局 1962 年版。
南朝宋・范曄撰，唐・李賢等注：《後漢書》，中華書局 1965 年版。
晋・陳壽撰，南朝宋・裴松之注：《三國志》，中華書局 1982 年版。
南朝梁・沈約：《宋書》，中華書局 1974 年版。
北齊・魏收：《魏書》，中華書局 1974 年版。
唐・李延壽：《南史》，中華書局 1975 年版。
唐・房玄齡等撰，吴士鑑、劉承幹注：《晋書斠注》，中華書局

2008 年版。
孔祥軍:《晉書地理志校注》，新世界出版社 2012 年版。
《晉書校勘記》，王雲五主編《叢書集成初編》本，商務印書館 1936 年版。
《東晉疆域志》，王雲五主編《叢書集成初編》本，商務印書館 1939 年版。
《十六國疆域志》，王雲五主編《叢書集成初編》本，商務印書館 1936 年版。
清・王鳴盛撰，黄曙輝點校:《十七史商榷》，上海古籍出版社 2005 年版。
清・趙翼撰，王樹民校證:《廿二史劄記校證》（訂補本），中華書局 1984 年版。
清・張熷著:《讀史舉正》，《叢書集成新編》本，臺灣新文豐出版公司 1986 年版。
宋・司馬光編著，元・胡三省音注:《資治通鑑》，中華書局 1956 年版。
范祥雍訂補:《古本竹書紀年輯校訂補》，上海古籍出版社 2011 年版。
漢・荀悦撰，張烈點校:《漢紀》（《兩漢紀》上），中華書局 2002 年版。
晉・袁宏撰，張烈點校:《後漢紀》（《兩漢紀》下），中華書局 2002 年版。
黄懷信等:《逸周書彙校集注》，上海古籍出版社 2007 年版。
春秋・左丘明撰，徐元誥集解，王樹民、沈長雲點校:《國語集解》，中華書局 2002 年版。
漢・劉向集録:《戰國策》，上海古籍出版社 1985 年版。
漢・袁康撰，李步嘉校釋:《越絶書校釋》，中華書局 2013

年版。
漢・趙曄撰，周生春輯校彙考：《吴越春秋輯校彙考》，中華書局 2019 年版。
漢・劉珍等撰，吴樹平校注：《東觀漢記校注》，中華書局 2008 年版。
宋・羅泌：《路史》，中華書局 1985 年版。
晋・常璩著，任乃强校注：《華陽國志校補圖注》，上海古籍出版社 1987 年版。
北魏・崔鴻：《十六國春秋》，中華書局 1985 年版。
晋・陸翽：《鄴中記》，中華書局 1985 年版。
唐・李吉甫撰，賀次君點校：《元和郡縣圖志》，中華書局 1983 年版。
宋・樂史撰，王文楚等點校：《太平寰宇記》，中華書局 2007 年版。
宋・周應合：《景定建康志》，南京出版社 2009 年版。
宋・陳耆卿纂，徐三見點校：《嘉定赤城志》，中國文史出版社 2004 年版。
清・顧祖禹撰，賀次君、施和金點校：《讀史方輿紀要》，中華書局 2005 年版。
清・黄之雋等編纂：《乾隆江南通志》，廣陵書社 2010 年版。
清・穆彰阿、潘錫恩等纂修：《大清一統志》，上海古籍出版社 2008 年版。
北魏・酈道元著，陳橋驛校證：《水經注校證》，中華書局 2007 年版。
何清谷校注：《三輔黄圖校注》，三秦出版社 1995 年版。
宋・楊衒之撰，周祖謨校釋：《洛陽伽藍記校釋》，中華書局 2010 年版。

漢・楊孚撰，曾釗輯：《異物志》，中華書局 1985 年版。
晋・習鑿齒撰，黄惠賢校補：《校補襄阳耆舊記（附南雍州記）》，中華書局 2018 年版。
唐・杜佑撰，王文錦等點校：《通典》，中華書局 1988 年版。
唐・李林甫等撰，陳仲夫點校：《唐六典》，中華書局 1992 年版。
清・沈家本撰，鄧經元、駢宇騫點校：《歷代刑法考》，中華書局 1985 年版。
程樹德：《九朝律考》，中華書局 2006 年版。
黎翔鳳撰，梁運華整理：《管子校注》，中華書局 2004 年版。
張純一校注，梁運華點校：《晏子春秋校注》，中華書局 2014 年版。
三國魏・王弼注，樓宇烈校釋：《老子道德經注校釋》，中華書局 2008 年版。
元・吴澄述：《道德真經注》，中華書局 1991 年版。
宋・蘇轍：《道德真經注》，華東師範大學出版社 2010 年版。
清・孫詒讓撰，孫啓治點校：《墨子閒詁》，中華書局 2001 年版。
王震：《司馬法集釋》，中華書局 2018 年版。
戰國・商鞅等著，章詩同注：《商君書》，上海人民出版社 1974 年版。
戰國・尸佼著，黄曙輝點校：《尸子》，華東師範大學出版社 2009 年版。
清・郭慶藩撰，王孝魚點校：《莊子集釋》，中華書局 1961 年版。
楊伯峻：《列子集釋》，中華書局 1979 年版。
許維遹撰，梁運華整理：《吕氏春秋集釋》，中華書局 2009

年版。
清・王先謙撰，沈嘯寰、王星賢點校：《荀子集解》，中華書局1988年版。
清・王先慎撰，鍾哲點校：《韓非子集解》，中華書局1998年版。
傅亞庶：《孔叢子校釋》，中華書局2011年版。
漢・賈誼撰，閻振益、鍾夏校注：《新書校注》，中華書局2000年版。
漢・桓寬撰，王利器校注：《鹽鐵論校注》（增訂本），天津古籍出版社1983年版。
漢・揚雄：《法言》，中華書局1985年版。
漢・劉向編撰，晉・顧愷之圖畫：《古列女傳》，中華書局1985年版。
漢・劉向撰，向宗魯校證：《説苑校證》，中華書局1987年版。
漢・劉向編著，石光瑛校釋，陳新整理：《新序校釋》，中華書局2017年版。
漢・桓譚撰，朱謙之校輯：《新輯本桓譚新論》，中華書局2009年版。
漢・王充：《論衡》，上海人民出版社1974年版。
漢・王充撰，黄暉校釋：《論衡校釋》，中華書局1990年版。
漢・王符著，清・汪繼培箋，彭鐸校正：《潛夫論箋校正》，中華書局1985年版。
三國魏・王肅著，陳士珂輯：《孔子家語疏證》，上海書店出版社1987年版。
北齊・顔之推撰，王利器集解：《顔氏家訓集解》，中華書局1993年版。
漢・蔡邕：《獨斷》，《影印文淵閣四庫全書》本，臺灣商務印書館 1986 年版。
漢・應劭撰，王利器校注：《風俗通義校注》，中華書局 1981 年版。
晋・崔豹：《古今注》，商務印書館 1956 年版。
唐・顔師古：《匡謬正俗》，中華書局 1985 年版。
宋・王應麟：《困學紀聞》，上海古籍出版社 2008 年版。
明・方以智：《通雅》，中國書店 1990 年版。
明・周嬰等纂，王瑞明點校：《卮林》，福建人民出版社 2006 年版。
清・何焯著，崔高維點校：《義門讀書記》，中華書局 1987 年版。
漢・劉安編，何寧撰：《淮南子集釋》，中華書局 1998 年版。
漢・劉向：《列仙傳》，上海古籍出版社 1990 年版。
晋・葛洪著，楊明照撰：《抱朴子外篇校箋》，中華書局 1991 年版。
南朝梁・僧祐編撰，劉立夫、胡勇譯注：《弘明集》，中華書局 2011 年版。
清・顧觀光重輯：《神農本草經》，人民衛生出版社 1955 年版。
河北醫學院校釋：《靈樞經校釋》，人民衛生出版社 1982 年版。
唐・張彦遠著，范祥雍點校：《法書要録》，人民美術出版社 1984 年版。
袁珂校注：《山海經校注》，上海古籍出版社 1980 年版。
《海内十洲記》，《影印文淵閣四庫全書》本，臺灣商務印書館 1986 年版。
晋・張華等撰，王根林等校點：《博物志（外七種）》，上海古籍出版社 2012 年版。
晋・干寶：《搜神記》，中華書局 1979 年版。

南朝宋・劉義慶著，南朝梁・劉孝標注，余嘉錫撰，周祖謨、余淑宜整理:《世説新語箋疏》，中華書局 1983 年版。

南朝宋・劉義慶撰，徐震堮校箋:《世説新語校箋》，中華書局 1984 年版。

唐・徐炫:《玄怪記》，中華書局 1985 年版。

明・陶宗儀:《説郛》，中國書店 1986 年版。

明・陶宗儀等:《説郛三種》，上海古籍出版社 1988 年版。

清・劉献廷撰，汪北平、夏志和點校:《廣陽雜記》，中華書局 1957 年版。

唐・歐陽詢撰，汪紹楹校:《藝文類聚》，上海古籍出版社 1982 年版。

唐・虞世南輯録:《北堂書鈔》，學苑出版社 2015 年版。

唐・徐堅等:《初學記》，中華書局 2004 年版。

宋・王欽若等編纂，周勛初等校訂:《册府元龜》，中華書局 1960 年版。

宋・李昉等:《太平御覽》，中華書局 1960 年版。

宋・高承撰，李果訂:《事物紀原》，中華書局 1989 年版。

宋・王應麟:《小學紺珠》，中華書局 1987 年版。

漢・王逸撰，黄靈庚點校:《楚辭章句》，上海古籍出版社 2017 年版。

南朝梁・蕭統編，唐・李善注:《文選》，上海古籍出版社 1986 年版。

宋・李昉等編:《文苑英華》，中華書局 1966 年版。

宋・郭茂倩編:《樂府詩集》，中華書局 1979 年版。

三國魏・阮籍著，陳伯君校注:《阮籍集校注》，中華書局 1987 年版。

三國魏・嵇康著，戴明揚校注:《嵇康集校注》，中華書局 2014

年版。
晋·陶淵明著，逯欽立校注：《陶淵明集》，中華書局 1979 年版。

三　今人论著類

吕振羽：《簡明中國通史》，人民出版社 1955 年版。
周一良：《魏晋南北朝史札記》，中華書局 1985 年版。
黄烈：《中國古代民族研究》，人民出版社 1987 年版。
朱大渭：《六朝史論》，中華書局 1998 年版。
唐長孺：《魏晋南北朝史論叢》，河北教育出版社 2000 年版。
唐長孺：《魏晋南北朝史論叢續編》，河北教育出版社 2000 年版。
牛繼清、張林祥：《十七史疑年録》，黄山書社 2007 年版。
胡阿祥：《東晋南朝僑州郡縣與僑流人口研究》，江蘇教育出版社 2008 年版。
黄惠賢：《魏晋南北朝隋唐史研究與資料》，湖北人民出版社 2010 年版。
陳垣：《二十史朔閏表》，中華書局 1962 年版。
趙超：《漢魏南北朝墓志彙編》，天津古籍出版社 1992 年版。
吕宗力主編：《中國歷代官制大辭典》，北京出版社 1994 年版。
魏嵩山主編：《中國歷史地名大辭典》，廣東教育出版社 1995 年版。
史爲樂主編：《中國歷史地名大辭典》，中國社會科學出版社 2005 年版。
鄭天挺等主編：《中國歷史大詞典》，上海辭書出版社 2007 年版。
曹道衡：《〈晋書·郭璞傳〉志疑》，《蘇州大學學報》1983 年第

2 期。
邱久榮:《〈晋書·衛瓘傳附衛玠傳〉糾誤》,《社會科學輯刊》1983 年第 4 期。
熊賢漢:《〈晋書〉辨誤三題》,《咸寧師專學報》1984 年第 1 期。
陸爾玲:《〈晋書·惠羊皇后傳〉勘誤一則》,《烟臺大學學報》1989 年第 2 期。
沈海波:《〈晋書〉勘誤一則》,《史學月刊》1989 年第 2 期。
滄州:《〈晋書·地理志〉無北海郡》,《中國歷史地理論叢》1991 年第 4 期。
運華:《對〈晋書〉一則史事的辯證》,《西北大學學報》1992 年第 2 期。
籍大陽:《〈晋書·地理志〉關於陽羡縣記載的疏略》,《中國歷史地理論叢》1992 年第 3 期。
莊劍:《〈晋書〉標點疑誤兩則》,《史學月刊》1992 年第 4 期。
舒嶠:《〈晋書·地理志〉阜陵淪爲麻湖説辨誤》,《中國歷史地理論叢》1995 年第 2 期。
陳維禮:《〈晋書·夏侯湛傳〉正誤一則》,《文獻》1995 年第 4 期。
李瓊英:《〈晋書·謝安傳〉辨誤二則》,《文獻》1996 年第 4 期。
汪維輝:《〈晋書〉點校商兑》,《古籍整理研究學刊》1997 年第 1 期。
牛繼清:《〈晋書〉時誤補校舉例》,《固原師專學報》1997 年第 4 期。
李之亮、許華偉:《〈晋書〉、〈十六國春秋〉對勘劄記》,《鄭州大學學報》1998 年第 3 期。

王華寶:《〈晉書〉校點志疑（三）》,《江海學刊》1999 年第 2 期。
萬久富:《〈晉書〉點校劄記》,《南通師範學院學報》1999 年第 3 期。
陳金鳳:《〈晉書〉校勘二則》,《中國史研究》2000 年第 3 期。
吴金華、吴新江:《〈晉書〉辨疑》,《古籍整理研究學刊》2000 年第 4 期。
朱聖鍾:《〈晉書・地理志〉正誤一則》,《中國歷史地理論叢》2000 年第 4 期。
陶賢都:《〈晉書・高光傳〉標點辨誤一則》,《中國史研究》2003 年第 3 期。
楊英:《〈晉書・禮志〉標點勘誤一則》,《中國史研究》2003 年第 4 期。
郭秀琦、郝紅紅:《〈晉書・宣帝紀〉曹仁"焚棄（樊、襄陽）二城"辨誤》,《陰山學刊》2005 年第 3 期。
郭秀琦:《〈晉書・宣帝紀〉所載孟達反魏失誤二則》,《陰山學刊》2006 年第 2 期。
劉華:《〈晉書・職官志〉標點商榷一則》,《中國史研究》2007 年第 1 期。
丁福林:《中華書局版〈晉書・五行志〉標點拾誤》,《中國史研究》2007 年第 2 期。
王勇:《〈晉書・地理志〉校證》,《蘭臺世界》2008 年第 13 期。
王文暉:《〈晉書〉校勘一則》,《江海學刊》2009 年第 5 期。
高勝利:《〈晉書・潘岳傳〉辨誤》,《圖書館理論與實踐》2011 年第 11 期。
許福謙:《〈晉書〉疑年録（十六國部分）》,《中國歷史文獻研究會第 26 届年會論文集》, 華東師範大學出版社 2015

年版。
許微微:《中華點校本〈晉書〉勘誤舉要》,《今注本廿四史工作通訊》第 57 期,2021 年 6 月。
高敏:《關於西晉占田、課田制的幾個問題》,《歷史研究》1983 年第 3 期。
董慧秀:《西晉初封爵制度的演變》,《大理學院學報》2012 年第 1 期。
楊國譽、湯惠生:《從〈臨澤晉簡〉再看西晉"占田課田制"研究中的幾個問題》,《史學月刊》2013 年第 11 期。
方燕明(本刊記者):《2016 年度河南省五大考古新發現》,《華夏考古》2017 年第 2 期。

晋書　卷一

帝紀第一

宣帝

宣皇帝諱懿，字仲達，河内温縣孝敬里人，[1]姓司馬氏。其先出自帝高陽之子重黎，[2]爲夏官祝融。[3]歷唐、虞、夏、商，[4]世序其職。[5]及周，以夏官爲司馬。其後程伯休父，周宣王時，以世官克平徐方，[6]錫以官族，因而爲氏。[7]楚漢間，司馬卬爲趙將，[8]與諸侯伐秦。秦亡，立爲殷王，都河内。漢以其地爲郡，子孫遂家焉。自卬八世，生征西將軍鈞，[9]字叔平。鈞生豫章太守量，[10]字公度。量生潁川太守儁，[11]字元異。儁生京兆尹防，[12]字建公。帝即防之第二子也。少有奇節，聰朗多大略，博學洽聞，[13]伏膺儒教。漢末大亂，常慨然有憂天下心。南陽太守同郡楊俊名知人，[14]見帝，未弱冠，[15]以爲非常之器。尚書清河崔琰與帝兄朗善，[16]亦謂朗曰："君弟聰亮明允，剛斷英特，[17]非子所及也。"

[1]河内：郡名，治所在野王縣（今河南省沁陽市）。　温縣：治所在今河南省温縣西南。

[2]帝高陽：即高陽氏，傳説中五帝之一，黄帝之孫，昌意之子。　重黎：指顓頊高陽氏之後，爲帝嚳高辛氏火正。

[3]祝融：上古官名。《史記》卷二六《曆書》：顓頊"命火正黎司地以屬民"。索隱按："《左傳》重爲句芒，木正；黎爲祝融，火正。"

[4]唐、虞：傳説堯、舜所建立的兩個朝代。

[5]序：順序。此指家世的順序。

[6]徐方：古徐國。《詩·大雅·常武》："震驚徐方，如雷如霆，徐方震驚。"鄭玄箋："驛馳走相恐懼，以驚動徐國，如雷霆之恐怖人然，徐國則驚動而將服罪。"

[7]氏：上古貴族宗族的稱號，姓的分支。

[8]司馬卬：秦末人。隨六國貴族後裔起兵反秦，爲趙將，定河内，屢立戰功。項羽分封諸侯，立其爲殷王，都朝歌。後降劉邦。

[9]征西將軍：官名，東漢永元年間置，地位與雜號將軍、偏將軍、裨將軍等同。建安年間與征東、征南、征北將軍合稱四征將軍，地位提高。晋三品，加持節都督者二品。

[10]豫章：郡名，治所在南昌縣（今江西省南昌市）。

[11]潁川：郡名，治所在許昌縣（今河南省許昌市東）。

[12]京兆尹：官名，京畿地方行政長官，職掌如郡守，但地位高於郡守。晋三品。

[13]洽（qià）聞：廣聞博識。

[14]南陽太守：陽，原本、宋本、殿本作"郡"，據中華本校勘記改。　楊俊：三國時人，字季才。歷任曲梁長、丞相掾屬、安陵令、南陽太守等職。《三國志》卷二三有傳。

[15]弱冠：指男子二十歲時。《禮記·曲禮上》："二十曰弱，冠。"年少爲弱，待至二十，即爲成年，舉行冠禮。

[16]尚書：官名，東漢尚書臺六曹各置尚書，秩六百石。魏晋出爲朝官，分掌尚書省諸曹，品秩提高。晋三品。　清河：郡名，治所在清河縣（今山東省臨清市東北）。　崔琰：東漢末清河東武城（今山東省武城縣西北）人，字季珪，任曹操别駕從事。因被告發傲世怨謗，被罰爲徒隸，自殺。　朗：司馬朗，字伯達，本書卷三七有傳。

[17]英特：才智超群。特，突出。

漢建安元年，[1]郡舉上計掾。[2]魏武帝爲司空，聞而辟之。[3]帝知漢運方微，不欲屈節曹氏，辭以風痹，[4]不能起居。魏武使人夜往密刺之，帝堅卧不動。及魏武爲丞相，又辟爲文學掾，[5]敕行者曰："若復盤桓，[6]便收之。"帝懼而就職。於是使與太子游處，遷黄門侍郎，[7]轉議郎、丞相東曹屬，[8]尋轉主簿。[9]

[1]漢建安元年：元，原本作"六"。宋本、殿本亦作"六"。張熷《讀史舉正》："六當爲元。"檢《三國志》卷一《魏書·武帝紀》載，建安元年（196）十月，"天子拜公司空，行車騎將軍"。今據改。

[2]上計掾：官名，爲縣郡國派赴上級機關或京師遞交計簿的屬吏。

[3]辟：徵召。

[4]風痹：肢體關節之病，重者行動不便。《靈樞經》卷二《壽夭剛柔第六》："病在陽者命曰風病，在陰者命曰痺病，陰陽俱病，命曰風痺病。"

[5]文學掾：官名，州、郡、王國、丞相府均置，主管教育。

[6]盤桓：逗留不進。

[7]黄門侍郎：官名，魏晋時爲侍中省或門下省次官。侍從皇

帝，顧問應對，多以重臣或外戚子弟擔任，位頗重要。晋五品。

[8]議郎：官名，西漢始置。魏晋時品秩雖低，名義清高。晋七品。　東曹屬：官名，丞相府僚屬，協助東曹掾管理二千石長吏任免事務。

[9]主簿：官名，丞相府屬官，典領文書籍簿，省録衆事，職權甚重。

從討張魯，[1]言於魏武曰："劉備以詐力虜劉璋，[2]蜀人未附而遠争江陵，[3]此機不可失也。今若曜威漢中，[4]益州震動，[5]進兵臨之，勢必瓦解。因此之勢，易爲功力。聖人不能違時，亦不失時矣。"魏武曰："人苦無足，[6]既得隴右，復欲得蜀！"[7]言竟不從。既而從討孫權，破之。軍還，權遣使乞降，上表稱臣，陳説天命。魏武帝曰："此兒欲踞吾著爐炭上邪！"答曰："漢運垂終，殿下十分天下而有其九，以服事之。權之稱臣，天人之意也。虞、夏、殷、周不以謙讓者，畏天知命也。"

[1]張魯：東漢沛國豐（今江蘇省豐縣）人，五斗米道創建者，於漢中建立政教合一政權，後降曹操。

[2]劉璋：東漢末江夏竟陵（今湖北省潜江市西北）人，字季玉。益州牧劉焉之子，劉焉死後襲位。建安十六年（211）迎劉備入蜀，後被劉備取代。

[3]蜀人未附而遠争江陵：此事發生於東漢建安二十年（215）。《三國志》卷三二《蜀書·先主傳》："二十年，孫權以先主已得益州，使使報欲得荆州。先主言：'須得凉州，當以荆州相與。'權忿之，乃遣吕蒙襲奪長沙、零陵、桂陽三郡。先主引兵五

萬下公安，令關羽入益陽。是歲，曹公定漢中，張魯遁走巴西。先主聞之，與權連和，分荆州，江夏、長沙、桂陽東屬，南郡、零陵、武陵西屬，引軍還江州。”江陵（今湖北省江陵縣）即當時荆州治所。

[4]漢中：郡名，治所在南鄭縣（今陝西省漢中市）。

[5]益州：治所在成都縣（今四川省成都市）。

[6]人苦無足：苦，原本、宋本作“若”，殿本作“苦”，據殿本改。

[7]既得隴右，復欲得蜀：“得隴望蜀”典出《後漢書》卷一七《岑彭傳》，光武帝劉秀敕岑彭書有云：“兩城若下，便可將兵南擊蜀虜。人苦不知足，既平隴，復望蜀。”隴右，地區名，指今甘肅省隴山以西地區。

魏國既建，遷太子中庶子。[1]每與大謀，輒有奇策，爲太子所信重，與陳群、吴質、朱鑠號曰四友。[2]遷爲軍司馬，[3]言於魏武曰：“昔箕子陳謀，以食爲首。[4]今天下不耕者蓋二十餘萬，非經國遠籌也。雖戎甲未卷，自宜且耕且守。”魏武納之，於是務農積穀，國用豐贍。帝又言荆州刺史胡脩粗暴，[5]南鄉太守傅方驕奢，[6]並不可居邊。魏武不之察。及蜀將關羽圍曹仁於樊，[7]于禁等七軍皆没，[8]脩、方果降羽，而仁圍甚急焉。[9]是時漢帝都許昌，[10]魏武以爲近賊，欲徙河北。[11]帝諫曰：“禁等爲水所没，非戰守之所失，於國家大計未有所損，而便遷都，既示敵以弱，又淮沔之人大不安矣。孫權、劉備，外親内疏，羽之得意，權所不願也。可喻權所，令掎其後，[12]則樊圍自解。”魏武從之。權果遣將吕蒙西襲公安，[13]拔之，羽遂爲蒙所獲。魏武以荆州遺黎及屯田在潁川者逼近南寇，[14]皆欲徙之。帝曰："荆楚輕脱，[15]易動難安。關羽新破，諸爲惡者藏竄觀望。今徙其善者，既傷其意，將令去者不敢復還。"從之。其後諸亡者悉復業。及魏武薨于洛陽，[16]朝野危懼。帝綱紀喪事，[17]内外肅然。乃奉梓宫還鄴。[18]

[1]太子中庶子：官名，太子侍從，掌侍從、奏事、諫議等。晋五品。

[2]陳群：三國時潁川（今河南省許昌市東）人，字長文，陳寔孫。歷任曹魏御史中丞、尚書令、中領軍、中護軍，録尚書事，官至司空。九品官人法的倡建者。　吴質：三國時濟陰（今山東省菏澤市定陶區）人，字季重，出身寒門，年少游於貴戚間。有才學，魏文帝曹丕親信。歷任曹魏北中郎將、振威將軍、都督河北諸軍事。明帝時入爲侍中。　朱鑠：字彦才，曹魏時任中領軍，明周嬰《卮林》卷九有載。

[3]軍司馬：官名，領兵武職，輔佐校尉領營部，不置校尉時則爲長官。

[4]箕子陳謀，以食爲首：周滅商後，武王向箕子詢問治國方略，箕子陳説八政："一曰食，二曰貨，三曰祀，四曰司空，五曰司徒，六曰司寇，七曰賓，八曰師。"見《尚書·洪範》。

[5]荆州：此時治所在新野縣（今河南省新野縣）。

[6]南鄉：郡名，東漢建安年間置，治所在南鄉縣（今河南省淅川縣西南）。

[7]關羽：東漢末河東解縣（今山西省運城市）人，字雲長，本字長生。東漢末亡命涿郡，與劉備、張飛起兵。赤壁之戰後，任襄陽太守、蕩寇將軍，駐守荆州。建安二十四年（219）率兵攻打曹魏襄陽，被孫吴背後襲取江陵。關羽回軍欲奪回江陵，於麥城被俘，遭殺害。　樊：即樊城，地名，在今湖北省襄陽市樊城區。

[8]于禁：三國時泰山巨平（今山東省泰安市南）人，字文則。東漢末從濟北相鮑信起兵，後歸曹操。歷任平虜校尉、虎威將軍、左將軍、安遠將軍。樊城之戰兵敗，投降關羽。孫吴擒殺關羽，于禁亦被擒，後被釋還魏。

[9]仁圍甚急：對曹仁的圍攻非常猛烈。急，猛烈。

[10]許昌：縣名，治所在許昌城（今河南省許昌市東）。許縣改名許昌爲曹魏文帝黄初二年（221）事，此時仍名許縣，許昌誤。

[11]河北：地區名，泛指黄河以北地區。

[12]掎：牽制。

[13]吕蒙：東漢末汝南富陂（今安徽省阜南縣東南）人，字子明。孫吴大將，歷任平北都尉、領廣德長、横野中郎將、廬江太守、左護軍、虎威將軍等職。少不好讀書，後聽孫權勸告，博覽群書。建安二十四年（219）偷襲關羽，占領荆州。旋病卒。　公安：縣名，三國吴置，治所在今湖北省公安縣西。　吕蒙西襲公安：殿本“公安”上有一“羽”字。

[14]潁川者逼近南寇：中華本校勘記：“張熷《讀史舉正》：‘南寇’謂吴，潁川未爲逼近，《資治通鑑》六八作‘漢川’，是也。”

[15]輕脱：輕易的叛逃。脱，叛逃。《國語·晋語四》：“公懼，乘馹自下，脱會秦伯於王城。”

[16]洛陽：古都名，位於今河南省洛陽市東北。

[17]綱紀：治理；管理。殿本作“紀綱”，指謀略。

[18]梓宫：皇帝的棺材。　鄴：縣名，曹魏五都之一。治所在今河北省臨漳縣西南。

魏文帝即位，[1]封河津亭侯，[2]轉丞相長史。[3]會孫權帥兵西過，朝議以樊、襄陽無穀，不可以禦寇。時曹仁鎮襄陽，[4]請召仁還宛。[5]帝曰：“孫權新破關羽，此其欲自結之時也，[6]必不敢爲患。襄陽水陸之衝，禦寇要害，不可棄也。”言竟不從。仁遂焚棄二城，[7]權果不爲寇，魏文悔之。及魏受漢禪，以帝爲尚書。頃之，轉督軍、御史中丞，[8]封安國鄉侯。

[1]魏文帝即位：《三國志》卷二《魏書·文帝紀》載：“太祖崩，嗣位爲丞相、魏王。”卷五《魏書·文昭甄皇后傳》載：“延康元年正月，文帝即王位，六月，南征，后留鄴。”卷一四《魏書·蔣濟傳》載：“文帝即王位，轉爲相國長史。及踐阼，出爲東中郎將。”吴金華等先生認爲，所謂“即王位”，指嗣魏王之位，兼丞相之職，是史家用來區别“踐祚”“受禪”的習語。司馬懿此時“轉丞相長史”，正值曹丕身爲魏王之際；從下文“及魏受漢禪，以帝爲尚書”的記載來看，這裏的“即位”應當是“即王位”的脱文。（參見吴金華、吴新江《〈晋書〉辨疑》，《古籍整理研究學刊》2000年第4期）

[2]封河津亭侯：亭，原本作“停”，宋本、殿本作“亭”，據宋本、殿本改。

[3]丞相長史：官名，丞相府幕僚之長，協助丞相署理相府諸曹。晋六品。

[4]襄陽：郡名，東漢建安十三年（208）置，治所在襄陽縣（今湖北省襄陽市），西晋移治宜城縣（今湖北省宜城市南）。

[5]宛：縣名，治所在今河南省南陽市。

[6]此其欲自結之時也：欲，宋本作“所”。

[7]仁遂焚棄二城：《三國志》卷九《魏書·曹仁傳》載，東漢建安二十三年（218），曹仁被任爲“行征南將軍，假節，屯樊，鎮荆州。侯音以宛叛，略傍縣衆數千人，仁率諸軍攻破音，斬其首，還屯樊，即拜征南將軍”。關羽圍襄陽兵敗後，被召回屯宛，“孫權遣將陳邵據襄陽，詔仁討之。仁與徐晃攻破邵，遂入襄陽，

使將軍高遷等徙漢南附化民於漢北，文帝遣使即拜仁大將軍”。可見曹仁離開襄陽是被調到宛縣，而作爲都督荆州軍事，始終控制襄陽、樊城，並無焚棄二城之事。（參見郭秀琦、郝紅紅《〈晋書·宣帝紀〉曹仁“焚棄（樊、襄陽）二城”辨誤》，《陰山學刊》2005 年第 3 期）

［8］督軍：官名，有統兵之權，位高於郡守。　御史中丞：官名，御史大夫副手，掌監察、執法，爲京師顯官，職權甚重。晋四品。

黄初二年，督軍官罷，遷侍中、尚書右僕射。[1]

［1］侍中：官名，東漢建安中與給事黄門侍郎出入禁中，省尚書事。曹魏時爲門下之侍中省長官。常侍衛皇帝左右，掌顧問應對、諫諍糾察、平議奏事、駁奏異議等，權力甚重。晋三品。　尚書右僕射：官名，尚書令副手，掌拆閲封緘奏章文書、參議政事、諫諍駁議、監察百官。位在左僕射之下。三品。

五年，天子南巡，觀兵吴疆。帝留鎮許昌，改封向鄉侯，轉撫軍、假節，[1]領兵五千，加給事中、録尚書事。[2]帝固辭。天子曰：“吾於庶事，以夜繼晝，無須臾寧息。此非以爲榮，乃分憂耳。”

［1］撫軍：官名，撫軍將軍、撫軍大將軍、中撫軍等名號之省稱。　假節：假以節杖。指大臣臨時持節，爲權臣掌軍、秉政的地位象徵和政治待遇。

［2］給事中：官名，爲加官，所加爲三公、將軍、中書監令、博士、郎等。常侍從皇帝左右，諫諍糾彈，爲中朝要職。晋五品。　録尚書事：官名，初爲職銜名，重臣加此名義始得總知國事，綜理

政務，成爲真宰相。魏晋多以公卿權重者居之，總領尚書省政務，凡重號將軍、刺史皆得命曹授用，位在三公之上。

六年，天子復大興舟師征吴，復命帝居守，内鎮百姓，外供軍資。臨行，詔曰：“吾深以後事爲念，故以委卿。曹參雖有戰功，[1]而蕭何爲重。[2]使吾無西顧之憂，不亦可乎！”天子自廣陵還洛陽，[3]詔帝曰：“吾東，撫軍當總西事；吾西，撫軍當總東事。”於是帝留鎮許昌。及天子疾篤，帝與曹真、陳群等見於崇華殿之南堂，[4]並受顧命輔政。詔太子曰：“有間此三公者，慎勿疑之。”明帝即位，改封舞陽侯。及孫權圍江夏，[5]遣其將諸葛瑾、張霸并攻襄陽，[6]帝督諸軍討權，走之。進擊，敗瑾，斬霸，并首級千餘。遷驃騎將軍。[7]

[1]曹參：秦末泗水沛（今江蘇省沛縣）人，早年爲獄掾。秦末隨劉邦起兵，屢建戰功。先後任假左丞相、左丞相。西漢建立後任齊相國。蕭何死後繼之爲漢相。

[2]蕭何：秦末泗水沛縣豐邑（今江蘇省豐縣）人。隨劉邦起兵反秦。楚漢戰争中，留守關中，爲前綫籌集糧草。劉邦稱帝後，因功高封酇侯。助吕后誅除韓信，封相國。劉邦死後復事惠帝，死前推薦曹參繼任。

[3]廣陵：郡名，三國時治所在淮陰縣（今江蘇省淮安市淮陰區甘羅城），東晋治所在廣陵縣（今江蘇省揚州市西北蜀岡上）。

[4]曹真：三國時沛國譙縣（今安徽省亳州市）人，曹操養子，官至上軍大將軍、都督中外諸軍事。　崇華殿：亦稱九龍殿。《三國志》卷三《明帝紀》：青龍三年（235）洛陽崇華殿灾，“命有司復崇華，改名九龍殿”。

[5]江夏：郡名，此指曹魏所置江夏郡，治所在上昶城（今湖北省雲夢縣）。

[6]諸葛瑾：三國時琅邪陽都（今山東省沂南縣南）人，字子瑜，諸葛亮兄。東漢末避亂江東，任孫權長史，深得孫權信任。歷任綏南將軍、南郡太守、左將軍、大將軍、左都護等職。

[7]驃騎將軍：官名，西漢時爲重號將軍，東漢以後，居諸名號將軍之首，僅作爲軍府名號加授大臣或重要州郡長官。晋二品，開府位從公者一品。

太和元年六月，天子詔帝屯于宛，加督荆豫二州諸軍事。[1]初，蜀將孟達之降也，[2]魏朝遇之甚厚。帝以達言行傾巧不可任，驟諫不見聽，乃以達領新城太守，[3]封侯，假節。達於是連吴固蜀，潜圖中國。蜀相諸葛亮惡其反覆，[4]又慮其爲患。達與魏興太守申儀有隙，[5]亮欲促其事，乃遣郭模詐降，過儀，因漏泄其謀。[6]達聞其謀漏泄，將舉兵。帝恐達速發，以書喻之曰："將軍昔棄劉備，託身國家，國家委將軍以疆埸之任，任將軍以圖蜀之事，可謂心貫白日。蜀人愚智，莫不切齒於將軍。諸葛亮欲相破，惟苦無路耳。模之所言，非小事也，亮豈輕之而令宣露，此殆易知耳。"達得書大喜，猶與不决。[7]帝乃潜軍進討。諸將言達與二賊交構，[8]宜觀望而後動。帝曰："達無信義，此其相疑之時也，當及其未定促决之。"乃倍道兼行，八日到其城下。吴蜀各遣其將向西城安橋、木闌塞以救達，[9]帝分諸將以距之。

[1]督荆豫二州諸軍事：官名，上述二州軍事行政長官，位低於都督和監。

[2]孟達：三國時扶風郿（今陝西省眉縣東渭河北岸）人，字子敬，後改子度。東漢建安初入蜀依劉璋，後依劉備，並迎劉備入蜀。劉備據蜀後，任之爲宜都太守。建安二十四年（219），與劉封攻占魏房陵、上庸。關羽攻打襄陽不利，孟達不施以援手。關羽被殺，孟達畏懼問罪，加之與劉封不和，乃投降曹操，領新城太守。後又與諸葛亮潛通，被司馬懿攻殺。

[3]新城：郡名，曹魏黄初元年（220）改房陵郡置，治所在房陵縣（今湖北省房縣）。

[4]諸葛亮：三國時琅邪陽都（今山東省沂南縣南）人，字孔明。東漢末隨叔父諸葛玄依附荆州劉表，隱居躬耕於隆中。後加入劉備集團，協助劉備占領荆州、益州，實現三分之勢。劉備死後輔佐劉禪，南征南中，北伐曹魏，最終病逝於北伐前綫。

[5]魏興：郡名，東漢建安二十年（215）分漢中郡置西城郡，曹魏黄初二年（221）改名魏興，治所在西城縣（今陝西省安康市西北）。殿本無“魏興”二字。

[6]“亮欲促”至“泄其謀”：諸葛亮故意泄露孟達反魏之事，今人郭秀琦曾寫文章辨析，認爲《晋書》記載此事不實，主要理由是：第一，諸葛亮知道孟達欲反，主動與其通信聯繫。第二，建立荆州根據地是蜀國統一全國的要求，特别是荆州丟失後，如何建立類似荆州地位的根據地便成了擺在諸葛亮面前的新課題。第三，從地理上看，孟達所在的新城郡極具戰略意義。如果占據新城郡，便可與漢中的蜀軍夾擊魏興郡，進而向東北的襄陽、樊城推進。這是諸葛亮“欲誘達爲外援”的全部意義。因此《晋書·宣帝紀》上説諸葛亮派人嚮申儀告發孟達反魏是因爲“蜀相諸葛亮惡其反復，又慮爲患”的説法與相關記載相牴牾。（參見郭秀琦《〈晋書·宣帝紀〉所載孟達反魏失誤二則》，《陰山學刊》2006年第2期）

[7]猶與：猶豫。《禮記·曲禮上》：“卜筮者，先聖王之所以使

民信時日，敬鬼神，畏法令也。所以使民决嫌疑，定猶與也。”

[8]與二賊交構：與，原本、宋本作“於”，殿本作“與”，據殿本改。

[9]西城：縣名，即魏興郡治，治所在今陝西省安康市西北。木闌塞：地名，在今陝西省旬陽縣東漢江北岸。

初，達與亮書曰：“宛去洛八百里，去吾一千二百里，聞吾舉事，當表上天子，比相反覆，一月間也，則吾城已固，諸軍足辦。則吾所在深險，司馬公必不自來；諸將來，吾無患矣。”及兵到，達又告亮曰：“吾舉事八日，而兵至城下，何其神速也！”上庸城三面阻水，[1]達於城外爲木柵以自固。[2]帝渡水，破其柵，直造城下。八道攻之，旬有六日，達甥鄧賢、將李輔等開門出降。斬達首，傳京師。俘獲萬餘人，振旅還于宛。乃勸農桑，禁浮費，南土悦附焉。

[1]上庸：縣名，治所在上庸縣（今湖北省竹山縣西南四十里堵水北岸）。

[2]木柵：中華本據何超《晋書音義》校勘，“木柵”作“水柵”。

初，申儀久在魏興，專威疆埸，輒承制刻印，[1]多所假授。達既誅，有自疑心。時諸郡守以帝新克捷，奉禮求賀，[2]皆聽之。帝使人諷儀，儀至，問承制狀，執之，歸于京師。又徙孟達餘衆七千餘家于幽州。[3]蜀將姚静、鄭他等帥其屬七千餘人來降。

[1]輒承制刻印：擅自稱稟承皇帝旨意刻印封官。

[2]求：殿本作“來”。

[3]幽州：治所在薊縣（今北京市西南）。

時邊郡新附，多無户名，魏朝欲加隱實。[1]屬帝朝于京師，[2]天子訪之於帝。帝對曰：“賊以密網束下，故下棄之。宜弘以大綱，則自然安樂。”又問二虜宜討，何者爲先？對曰：“吴以中國不習水戰，故敢散居東關。[3]凡攻敵，必扼其喉而揺其心。[4]夏口、東關，[5]賊之心喉。若爲陸軍以向皖城，[6]引權東下，爲水戰軍向夏口，乘其虚而擊之，此神兵從天而墮，[7]破之必矣。”天子並然之，復命帝屯於宛。

[1]隱實：審查，核實。

[2]京師：國都。《春秋公羊傳·桓公九年》：“京師者何？天子之居也。”

[3]東關：位於今安徽省含山縣西南裕溪河東岸濡須山上。

[4]必扼其喉：必，原本、宋本作“二”，殿本作“必”，據殿本改。

[5]夏口：即沔口，位於今湖北省武漢市漢江入長江之口。

[6]皖城：又名皖公城，位於今安徽省潛山市。

[7]墮：殿本作“墜”。

四年，遷大將軍，[1]加大都督、假黄鉞，[2]與曹真伐蜀。帝自西城斫山開道，水陸並進，泝沔而上，至於朐䏰，[3]拔其新豐縣。[4]軍次丹口，[5]遇雨，班師。

[1]大將軍：官名，高級軍事統帥。曹魏時多以之屯駐長安，對付蜀漢，蜀漢以其爲最高軍事長官，孫吴則别置上大將軍居其上。西晋時爲八公之一，位居上公、大司馬下，三公之上。東晋時常專擅軍政事務。晋一品。

[2]大都督：官名，高級軍事長官。三國初作爲加官於戰時臨時設置，後逐漸成爲常設加官官職，地位極高。　假黄鉞：假以黄鉞。黄鉞即飾以黄金的斧鉞，爲皇帝儀仗。賜予出征重臣，以示威重，令其專主征伐。

[3]朐䏰：縣名，治所在今重慶市雲陽縣西。

[4]新豐縣：蜀漢所設之漢豐縣，治所在今重慶市開州區。

[5]丹口：位於今巴東某長江支流入江處。

明年，諸葛亮寇天水，[1]圍將軍賈嗣、魏平於祁山。[2]天子曰："西方有事，非君莫可付者。"乃使帝西屯長安，[3]都督雍梁二州諸軍事，[4]統車騎將軍張郃、後將軍費曜、征蜀護軍戴凌、雍州刺史郭淮等討亮。[5]張郃勸帝分軍住雍、郿爲後鎮，[6]帝曰："料前軍獨能當之者，將軍言是也。若不能當，而分爲前後，此楚之三軍所以爲黥布擒也。"[7]遂進軍隃麋。[8]亮聞大軍且至，乃自帥衆將芟上邽之麥。[9]諸將皆懼，帝曰："亮慮多决少，必安營自固，然後芟麥，吾得二日兼行足矣。"於是卷甲晨夜赴之，亮望塵而遁。帝曰："吾倍道疲勞，此曉兵者之所貪也。亮不敢據渭水，此易與耳。"進次漢陽，與亮相遇，帝列陣以待之。使將牛金輕騎餌之，[10]兵才接而亮退，追至祁山。亮屯鹵城，[11]據南北二山，斷水爲重圍。帝攻拔其圍，亮宵遁，追擊破之，俘斬萬計。天子使使者勞軍，增封邑。

［1］天水：郡名，東漢、三國魏治所在冀縣（今甘肅省甘谷縣東南），西晉移治上邽縣（今甘肅省天水市）。

［2］祁山：位於今甘肅省禮縣東北。

［3］長安：縣名，治所在今陝西省西安市西北。

［4］都督雍梁二州諸軍事：中華本校勘記：“據《三國志·魏志·陳留王紀》，梁州置於景元四年十二月，在此後三十餘年。司馬懿督二州係代曹真，景初三年趙儼代懿，《魏志·曹真傳》、《趙儼傳》都作‘雍凉’。疑當從《魏志》。”

［5］車騎將軍：官名，魏晉南北朝時位次於驃騎將軍，在諸名號將軍之上，多作爲軍府名號，以加授大臣及重要州郡長官。晉二品，開府位從公者一品。　後將軍：官名，漢代重號將軍之一，與前、左、右將軍並爲上卿。魏晉以後權位漸低，略高於一般雜號將軍。晉三品。　征蜀護軍：官名，三國魏置，爲征蜀而設的雜號將軍。魏晉時常隨征伐目的，置諸雜號護軍，如征蜀護軍、平虜護軍、揚威護軍等，職如將軍，而地位稍遜同號將軍，資歷稍淺之統帥常授此。　郭淮：三國時太原陽曲（今山西省陽曲縣西南）人，歷任曹魏鎮西長史、雍州刺史、征西將軍、都督雍凉諸軍事等職。在關内三十餘年，有大功，死後追贈大將軍。

［6］張郃：三國時河間鄚縣（今河北省任丘市北）人，先爲袁紹部將，後歸曹操。從征袁譚、袁尚、張魯，歷任偏將軍、蕩寇將軍等職。　郿：縣名，治所在今陝西省眉縣東渭河北岸。

［7］黥布：本名英布，因受過黥刑，故名。秦末人，先爲項羽手下，後投劉邦。漢王五年（前 202），與劉賈入九江，誘降楚王大司馬周殷，舉九江兵會垓下，大破楚軍。“楚之三軍所以爲黥布擒”即指此事。　擒：殿本作“禽”。

［8］隃麋：縣名，治所在今陝西省千陽縣東。

［9］上邽：縣名，治所在今甘肅省天水市。

［10］牛金：三國曹魏司馬懿部將，隨司馬懿西拒蜀漢，北伐公孫淵。後因有“牛繼馬後”之謡，爲司馬懿所忌，用毒酒殺之。

[11]鹵城：位於今甘肅省天水市市轄區和甘谷縣之間。

時軍師杜襲、督軍薛悌皆言明年麥熟，亮必爲寇，隴右無穀，宜及冬豫運。帝曰："亮再出祁山，一攻陳倉，[1]挫衄而反。縱其後出，不復攻城，當求野戰，必在隴東，不在西也。亮每以糧少爲恨，歸必積穀，以吾料之，非三稔不能動矣。"[2]於是表徙冀州農夫佃上邽，興京兆、天水、南安監冶。[3]

[1]陳倉：縣名，治所在今陝西省寶鷄市東渭水北岸。

[2]三稔：三年。稔，年。《國語·晋語八》："國無道而年穀龢熟，鮮不五稔。"韋昭注："稔，年也。"

[3]京兆：郡名，治所在長安縣（今陝西省西安市西北）。南安：郡名，治所在獂道縣（今甘肅省隴西縣東南）。　監冶：官署名，監督冶鑄之官署，由監冶謁者掌管。

青龍元年，穿成國渠，[1]築臨晋陂，[2]溉田數千頃，國以充實焉。

[1]成國渠：西漢武帝時開鑿，自今陝西眉縣東北渭水北岸引渭水東流，經興平市及咸陽市北，至涇渭合流處入渭水。三國魏衛臻又自陳倉引千河東流，與漢成國渠相接，總稱成國渠。

[2]臨晋陂：修築於臨晋縣的陂塘。臨晋縣治所在今陝西省大荔縣東南。

二年，亮又帥衆十餘萬出斜谷，[1]壘于郿之渭水南原。天子憂之，遣征蜀護軍秦朗督步騎二萬，[2]受帝節度。諸將欲住渭北以待之，帝曰：“百姓積聚皆在渭南，此必争之地也。”遂引軍而濟，背水爲壘。因謂諸將曰：“亮若勇者，當出武功，[3]依山而東。若西上五丈原，[4]則諸軍無事矣。”亮果上原，將北渡渭，帝遣將軍周當屯陽遂以餌之。[5]數日，亮不動。帝曰：“亮欲争原而不向陽遂，此意可知也。”遣將軍胡遵、雍州刺史郭淮共備陽遂，[6]與亮會于積石。臨原而戰，亮不得進，還于五丈原。會有長星墜亮之壘，帝知其必敗，遣奇兵掎亮之後，斬五百餘級，獲生口千餘，降者六百餘人。

[1]斜谷：位於今陝西省眉縣西南。

[2]秦朗：曹魏新興雲中（今内蒙古自治區托克托縣東北）人，字元明。歷魏武帝、文帝、明帝而無尤。明帝時授以内官，爲驍騎將軍、給事中，常隨車駕出入，深受明帝寵愛。四方多賂遺之，富均公侯。

[3]武功：縣名，戰國秦孝公置，治所在今陝西省眉縣東。

[4]五丈原：地名，在今陝西省岐山縣南石頭河與渭河交匯處西南。

[5]陽遂：地名，在今陝西省眉縣或扶風縣境之渭河北岸。

[6]胡遵：三國時安定臨涇（今甘肅省鎮原縣東南）人，歷任征東將軍、衛將軍等職。隨司馬懿西拒蜀漢，北征公孫淵，甘露元年（256）卒。

時朝廷以亮僑軍遠寇，[1]利在急戰，每命帝持重，以候其變。亮數挑戰，帝不出，因遺帝巾幗婦人之飾。帝怒，表請決戰，天子不許，乃遣骨鯁臣衛尉辛毗杖節爲軍師以制之。[2]後亮復來挑戰，帝將出兵以應之，毗杖節而立軍門,[3]帝乃止。初，蜀將姜維聞毗來,[4]謂亮曰："辛毗杖節而至，賊不復出矣。"亮曰："彼本無戰心，所以固請者，以示武於其衆耳。將在軍，君命有所不受，苟能制吾，豈千里而請戰邪！"

[1]僑軍遠寇：進入他鄉遠征的軍隊。僑，他鄉寄居。

[2]衛尉：官名，掌宫中禁衛。晋三品。　辛毗：三國時潁川陽翟（今河南省禹州市）人，字佐治。先在袁紹手下，後歸順曹操。歷任議郎、丞相長史、侍中、衛尉等職。

[3]毗杖節而立軍門：殿本無"而"字。

[4]姜維：三國時天水冀縣（今甘肅省甘谷縣東南）人，字伯約。本仕曹魏，後歸蜀漢。歷任征西將軍、凉州刺史、衛將軍、録尚書事、大將軍等職。蜀漢景耀六年（263）成都被曹魏軍攻破，後主投降，乃受命投降魏將鍾會。後與鍾會謀叛，失敗被殺。

帝弟孚書問軍事,[1]帝復書曰："亮志大而不見機，多謀而少决，好兵而無權,[2]雖提卒十萬，已墮吾畫中，破之必矣。"與之對壘百餘日，會亮病卒，諸將燒營遁走，百姓奔告，帝出兵追之。亮長史楊儀反旗鳴鼓,[3]若將距帝者。帝以窮寇不之逼，於是楊儀結陣而去。經日，乃行其營壘，觀其遺事，獲其圖書、糧穀甚衆。帝審其必死，曰："天下奇才也。"辛毗以爲尚未可知。帝曰："軍家所重，軍書密計、兵馬糧穀，今皆棄之，豈有人捐其五藏而可以生乎？宜急追之。"關中多蒺藜,[4]帝使軍士二千人著軟材平底木屐前行，蒺藜悉著屐，然後馬步俱進。追到赤岸，乃知亮死審問。[5]時百姓爲之諺曰："死諸葛走生仲達。"帝聞而笑曰："吾便料生，不便料死故也。"[6]

[1]孚：司馬孚，字叔達，本書卷三七有傳。

[2]權：權宜，變通。

[3]楊儀：三國時襄陽（今湖北省襄陽市）人。任蜀漢尚書、相府參軍，官至丞相府長史。隨諸葛亮北伐，具有規劃部伍、籌度糧穀之才。因未被任爲尚書令而心懷不滿，有悔不降魏之言，被下獄，自殺。

[4]關中：散關之内。關，此處指散關，位於今陝西省寶雞市西南大散嶺上。

[5]審問：確切的消息。

[6]便：擅長。

先是，亮使至，帝問曰："諸葛公起居何如，食可幾米？"[1]對曰："三四升。"次問政事，曰："二十罰已上皆自省覽。"帝既而告人曰："諸葛孔明其能久乎！"竟如其言。亮部將楊儀、魏延争權，[2]儀斬延，并其衆。帝欲乘隙而進，有詔不許。

[1]食可幾米：中華本校勘記："《太平御覽》三七八引魏明帝詔曹植云'食幾許米'，幾許即幾何，爲漢魏常語，'幾'下疑當有'許'字。"

[2]魏延：三國時義陽（今河南省桐柏縣東）人，字文長。以部曲隨劉備入蜀，歷任蜀漢牙門將軍、鎮遠將軍、涼州刺史、征西大將軍等職。蜀漢建興十二年（234），諸葛亮病逝於北伐軍中，遺命撤軍，命魏延斷後。魏延拒不從命，又與楊儀衝突，被殺。

三年，遷太尉，累增封邑。蜀將馬岱入寇，[1]帝遣將軍牛金擊走之，[2]斬千餘級。武都氐王苻雙、强端帥其屬六千餘人來降。[3]關東饑，帝運長安粟五百萬斛輸于京師。[4]

[1]馬岱：三國時人，馬超從弟，官至蜀漢平北將軍。

[2]擊走之：原本、宋本無“之”字，殿本有，據殿本補。

[3]武都：郡名，治所在下辯縣（今甘肅省成縣西）。　氐王：中華本校勘記：“據《蜀志·張嶷傳》、《華陽國志》七，武都氐王苻健降蜀，其弟率衆就魏。苻雙並非氐王，疑‘王’字衍。”氐，古代生活在西北地區的少數民族。黄烈先生《中國古代民族研究》（人民出版社 1987 年版）對氐人的源流有詳細考證。

[4]輸于京師：殿本無“輸”字。

四年，獲白鹿，獻之。天子曰：“昔周公旦輔成王，有素雉之貢。[1]今君受陝西之任，有白鹿之獻，豈非忠誠協符，千載同契，俾乂邦家，[2]以永厥休邪！”[3]及遼東太守公孫文懿反，[4]徵帝詣京師。天子曰：“此不足以勞君，事欲必克，故以相煩耳。君度其作何計？”[5]對曰：“棄城預走，上計也；據遼水以距大軍，次計也；坐守襄平，此成擒耳。”天子曰：“其計將安出？”對曰：“惟明者能深度彼己，豫有所棄，此非其所及也。今懸軍遠征，將謂不能持久，必先距遼水而後守，此中下計也。”天子曰：“往還幾時？”對曰：“往百日，還百日，攻百日，以六十日爲休息，一年足矣。”是時大修宫室，加之以軍旅，百姓饑弊。帝將即戎，[6]乃諫曰：“昔周公營洛邑，蕭何造未央。今宮室未備，臣之責也。然自河以北，百姓困窮，外内有役，勢不並興，宜假絶内務，以救時急。”

[1]素雉之貢：《後漢書》卷四〇下李賢注引《孝經援神契》曰：“周成王時，越裳來獻白雉。”所謂“素雉之貢”即此。

[2]俾乂邦家：使國家安定。俾，使。乂，安定。《尚書·湯誥》：“俾予一人，輯寧爾邦家。”

[3]以永厥休：使國家永有福禄。休，福禄。

[4]遼東：郡名，治所在襄平縣（今遼寧省遼陽市）。

[5]度（duó）：推測，估計，預料。　作：殿本作“行”。

[6]即戎：出戰，出征。

景初二年，帥牛金、胡遵等步騎四萬，發自京都。車駕送出西明門，[1]詔弟孚、子師送過温，[2]賜以穀帛牛酒，敕郡守典農已下皆往會焉。[3]見父老故舊，讌飲累日。帝嘆息，悵然有感，爲歌曰：“天地開闢，日月重光。遭遇際會，畢力遐方。將掃群穢，還過故鄉。肅清萬里，總齊八荒。告成歸老，待罪舞陽。”[4]遂進師，經孤竹，[5]越碣石，[6]次于遼水。文懿果遣步騎數萬，阻遼隧，堅壁而守，南北六七十里，以距帝。帝盛兵多張旗幟出其南，賊盡鋭赴之。乃泛舟潛濟以出其北，與賊營相逼，沉舟焚梁，傍遼水作長圍，棄賊而向襄平。[7]諸將言曰：“不攻賊而作圍，非所以示衆也。”帝曰：“賊堅營高壘，欲以老吾兵也。[8]攻之，正入其計，此王邑所以耻過昆陽也。[9]古人曰，敵雖高壘，不得不與我戰者，攻其所必救也。賊大衆在此，則巢窟虚矣。我直指襄平，必人懷内懼，[10]懼而求戰，破之必矣。”遂整陣而過。賊見兵出其後，果邀之。帝謂諸將曰：“所以不攻其營，正欲致此，不可失也。”乃縱兵逆擊，大破之，三戰皆捷。賊保襄平，進軍圍之。

[1]西明門：魏晋洛陽城西面正西一門。漢稱雍門，魏晋改爲西明門。

[2]師：即司馬師，字子元，本書卷二有紀。

[3]典農：官名，典農中郎將、典農校尉、典農都尉的簡稱。掌管屯田事務、管理所部吏民。典農中郎將和典農校尉相當於郡守。六品。典農都尉相當於縣令。七品。

[4]待罪舞陽：待罪，意謂在家等待問罪，告老回鄉的謙詞。司馬懿被封舞陽侯，故言。

[5]孤竹：此指古孤竹國故地，在今河北省盧龍縣西南。

[6]碣石：即碣石山，位於今河北省昌黎縣北。

[7]襄平：縣名，遼東郡治所在地，治所在今遼寧省遼陽市。

[8]老吾兵：使我軍疲敝。

[9]王邑所以耻過昆陽：新莽末年，劉秀等義軍攻占昆陽，王莽命王邑、王尋率兵四十多萬圍攻昆陽。劉秀率十三騎突圍，至定陵等地召集義軍星夜馳援。至昆陽後，又帥三千敢死兵士突襲王莽軍，殺死王尋，大敗王莽軍。當初嚴尤勸王邑説：“昆陽城小而堅，今假號者在宛，亟進大兵，彼必奔走；宛敗，昆陽自服。”王邑説：“吾昔以虎牙將軍圍翟義，坐不生得，以見責讓。今將百萬之衆，遇城而不能下，何謂邪？”王邑耻過昆陽即指此。事見《後漢書》卷一上《光武帝紀》上。

[10]必人懷内懼：必，殿本作“則”。

初，文懿聞魏師之出也，請救於孫權。權亦出兵遥爲之聲援，遺文懿書曰："司馬公善用兵，變化若神，所向無前，深爲弟憂之。"

會霖潦，[1]大水平地數尺，三軍恐，欲移營。帝令："軍中敢有言徙者斬。"都督令史張静犯令，斬之，軍中乃定。賊恃水，樵牧自若。諸將欲取之，皆不聽。司馬陳珪曰：[2]"昔攻上庸，八部並進，晝夜不息，故能一旬之半，拔堅城，斬孟達。今者遠來而更安緩，愚竊惑焉。"帝曰："孟達衆少而食支一年，吾將士四倍于達而糧不淹月。[3]以一月圖一年，安可不速？以四擊一，正令半解，[4]猶當爲之。是以不計死傷，與糧競也。今賊衆我寡，賊飢我飽，水雨乃爾，功力不設，[5]雖當促之，亦何所爲。自發京師，不憂賊攻，但恐賊走。今賊糧垂盡，而圍落未合，掠其牛馬，抄其樵采，此故驅之走也。夫兵者詭道，善因事變。賊憑衆恃雨，故雖飢困，未肯束手，當示無能以安之。取小利以驚之，非計也。"朝廷聞師遇雨，咸請召還。天子曰："司馬公臨危制變，計日擒之矣。"[6]既而雨止，遂合圍。起土山地道，楯櫓鈎橦，[7]發矢石雨下，晝夜攻之。

[1]霖潦：大雨積水成澇灾。

[2]司馬：官名，府署高級幕僚，掌參讚軍務、管理府内武職，位僅次於長史。魏晋南北朝時王府、公府、軍府、邊郡均置。八至六品。此爲司馬懿軍府司馬。

[3]吾將士四倍于達：原本、宋本、殿本均無"吾"字，據中華本補。　不淹月：淹，淹没，引申爲過。不過月。

[4]正令：即使。

[5]功力不設：功力不得施展。

[6]擒：殿本作“禽”。

[7]楯櫓鈎橦：盾牌、瞭望樓、攻城鈎梯、衝車。

時有長星，色白，有芒鬣，[1]自襄平城西南流于東北，墜於梁水，[2]城中震慴。[3]文懿大懼，乃使其所署相國王建、御史大夫柳甫乞降，請解圍面縛。不許，執建等，皆斬之。檄告文懿曰：“昔楚鄭列國，而鄭伯猶肉袒牽羊而迎之。[4]孤爲王人，位則上公，而建等欲孤解圍退舍，[5]豈楚鄭之謂邪！二人老耄，[6]必傳言失旨，已相爲斬之。若意有未已，可更遣年少有明决者來。”文懿復遣侍中衛演乞克日送任。[7]帝謂演曰：“軍事大要有五，能戰當戰，不能戰當守，不能守當走，餘二事惟有降與死耳。汝不肯面縛，此爲决就死也，不須送任。”文懿攻南圍突出，帝縱兵擊敗之，斬于梁水之上星墜之所。既入城，立兩標以別新舊焉。男子年十五已上七千餘人皆殺之，以爲京觀。僞公卿已下皆伏誅，戮其將軍畢盛等二千餘人。收户四萬，口三十餘萬。

[1]芒鬣：掃帚一樣的光芒，即彗星，俗稱掃帚星。鬣，掃帚。《禮記·少儀》：“氾埽曰埽，埽席前曰拚，拚席不以鬣，執箕膺擖。”鄭玄注：“鬣謂帚也。”孔穎達疏：“鬣謂掃地帚也。”

[2]梁水：一作大梁水，即今遼寧省渾河支流太子河。

[3]震慴：震驚恐懼。慴，恐懼。《莊子·达生》：“死生驚懼不入乎其胸中，是故遻物而不慴。”

[4]“昔楚鄭”至“而迎之”：《左傳·宣公十二年》：“十二年

春，楚子圍鄭。旬有七日，鄭人卜行成，不吉。卜臨於大宫，且巷出車，吉。國人大臨，守陴者皆哭。楚子退師，鄭人修城，進復圍之，三月克之。入自皇門，至於逵路。鄭伯肉袒牽羊以逆。”

[5]退舍：後退三十里。舍，三十里。

[6]老耄：七八十歲的老人。亦指衰老。《周禮·秋官·司刺》：三赦之法“一赦曰幼弱，再赦曰老耄，三赦曰蠢愚”。鄭玄注引鄭司農曰：“幼弱老旄，若今律令，年未滿八歲、八十以上，非手殺人，他皆不坐。”

[7]送任：送人質。

初，文懿篡其叔父恭位而囚之。[1]及將反，將軍綸直、賈範等苦諫，文懿皆殺之。帝乃釋恭之囚，封直等之墓，顯其遺嗣。令曰：“古之伐國，誅其鯨鯢而已。[2]諸爲文懿所註誤者，皆原之。中國人欲還舊鄉，恣聽之。”

[1]恭：即公孫恭，三國曹魏時人，遼東太守，文帝拜其爲車騎將軍、假節，封平郭侯。劣弱不能治國，被公孫淵所代。

[2]鯨鯢：比喻凶惡的敵人。《左傳·宣公十二年》：“古者明王伐不敬，取其鯨鯢而封之，以爲大戮。”杜預注：“鯨鯢，大魚名，以喻不義之人吞食小國。”

時有兵士寒凍，乞襦，帝弗之與。或曰：“幸多故襦，可以賜之。”帝曰：“襦者官物，人臣無私施也。”乃奏軍人年六十已上者罷遣千餘人，將吏從軍死亡者致喪還家。遂班師。天子遣使者勞軍于薊，[1]增封食昆陽，并前二縣。

[1]薊：縣名，治所在今北京市西南。

初，帝至襄平，夢天子枕其膝，曰："視吾面。"俛視有異於常，心惡之。先是，詔帝便道鎮關中，及次白屋，[1]有詔召帝。三日之間，詔書五至。手詔曰："間側息望到，[2]到便直排閤入，[3]視吾面。"帝大遽，乃乘追鋒車晝夜兼行，[4]自白屋四百餘里，一宿而至。引入嘉福殿卧内，升御床，帝流涕問疾。天子執帝手，目齊王曰：[5]"以後事相託。死乃復可忍，吾忍死待君，得相見，無所復恨矣。"命與大將軍曹爽並受遺詔輔少主。[6]

[1]白屋：地名，在今河南省輝縣市西南。

[2]間側息：近來一直不安。間，近來。《漢書》卷一〇〇《叙傳上》："帝間顔色瘦黑。"顔師古注："間謂比日也。"

[3]排閤入：推門入，不用通報。

[4]追鋒車：古代一種輕便的驛車，因車行疾速，故名。

[5]齊王：即曹芳，魏明帝養子，後爲司馬師所廢，黜爲齊王。

[6]命與大將軍曹爽並受遺詔輔少主：殿本無"命"字。

及齊王即帝位，遷侍中、持節、都督中外諸軍、録尚書事，[1]與爽各統兵三千人，共執朝政，更直殿中，乘輿入殿。爽欲使尚書奏事先由己，乃言於天子，徙帝爲大司馬。[2]朝議以爲前後大司馬累薨於位，乃以帝爲太傅，[3]入殿不趨，贊拜不名，劍履上殿，如漢蕭何故事。嫁娶喪葬取給於官，以世子師爲散騎常侍，[4]子弟三人爲列侯，四人爲騎都尉。[5]帝固讓子弟官不受。[6]

[1]持節：官員外出持有皇帝授予的節杖，代表高等權威，常用於軍事長官出征。　都督中外諸軍：官名，亦稱都督中外諸軍事，全國最高軍事統帥，總統中央地方的内外諸軍，權力極大。

[2]大司馬：官名，八公之一，位在上公之下、大將軍及三公之上，高級將帥，多爲大臣加官。晋一品。

[3]太傅：官名，晋爲八公之一。位上公，太宰之下、太保之上。晋一品。

[4]散騎常侍：官名，三國魏文帝黄初年間置，侍從皇帝左右，諫諍得失，顧問應對，與侍中等共平尚書奏事。也用作宰相、諸公等加官，入宫議政。晋三品。

[5]騎都尉：官名，最高位領騎兵之武職，不領兵時爲侍衛武官。因親近皇帝，多以侍中兼任。與駙馬都尉、奉車都尉並爲三都尉。晋六品。

[6]帝固讓子弟官不受：殿本無“帝”字。

正始元年春正月，[1]東倭重譯納貢，[2]焉耆、危須諸國，[3]弱水以南，[4]鮮卑名王，皆遣使來獻。天子歸美宰輔，又增帝封邑。初，魏明帝好修宫室，制度靡麗，[5]百姓苦之。帝自遼東還，役者猶萬餘人，雕玩之物動以千計。至是皆奏罷之，節用務農，天下欣賴焉。

[1]正始元年春正月：原本、宋本、殿本作“魏正始元年春正月”，采納中華本據周家禄《晋書校勘記》之校勘，删去“魏”字。

[2]重譯：輾轉翻譯。

[3]焉耆：西域國名，國都在員渠城（今新疆維吾爾自治區焉耆回族自治縣西南四十里城子，一説在四十里城子西北日仔和田舊城）。　危須：西域國名，國都在危須城（今新疆維吾爾自治區焉

者回族自治縣)。

[4]弱水:《後漢書》卷八五《東夷傳》:夫餘國“北有弱水”;本書卷九七《四夷傳》肅慎氏“北極弱水”,所指當在今黑龍江省境内。

[5]靡麗:奢靡華麗。

二年夏五月,吴將全琮寇芍陂,[1]朱然、孫倫圍樊城,[2]諸葛瑾、步騭掠柤中,[3]帝請自討之。議者咸言,賊遠來圍樊,不可卒拔。挫於堅城之下,有自破之勢,宜長策以御之。帝曰:“邊城受敵而安坐廟堂,疆埸騷動,衆心疑惑,是社稷之大憂也。”六月,乃督諸軍南征,車駕送出津陽門。[4]帝以南方暑濕,不宜持久,使輕騎挑之,然不敢動。於是休戰士,簡精鋭,募先登,申號令,示必攻之勢。吴軍夜遁走,追至三州口,[5]斬獲萬餘人,收其舟船軍資而還。天子遣侍中、常侍勞軍于宛。[6]秋七月,增封食郾、臨潁,[7]并前四縣,邑萬户,子弟十一人皆爲列侯。帝勛德日盛,而謙恭愈甚。以太常常林鄉邑舊齒,[8]見之每拜。恒戒子弟曰:“盛滿者道家之所忌,[9]四時猶有推移,吾何德以堪之。損之又損之,庶可以免乎!”

[1]全琮:三國時吴郡錢塘(今浙江省杭州市)人,字子璜。歷任孫吴奮威校尉、東安太守、衛將軍、徐州牧等職。　芍陂:又名龍泉陂,位於今安徽省壽縣南。

[2]朱然:三國吴丹楊故鄣(今浙江省安吉縣西北)人,字義封。歷任孫吴餘姚長、山陰令、臨川太守、征北將軍、車騎將軍、右護軍等職。官至左大司馬、右軍師。

[3]步騭：三國時臨淮淮陰（今江蘇省淮安市淮陰區西南）人，字子山。歷任孫吴交州刺史、征南中郎將、平戎將軍、丞相等職。　祖中：地名，在今湖北省南漳縣、宜城市蠻河流域一帶。

[4]津陽門：《資治通鑑》卷八六《晉紀》懷帝永嘉二年胡三省注："津陽門，洛陽城南面東頭第二門。"

[5]三州口：位於今湖北省襄陽市東唐白河入漢江處。

[6]侍中、常侍：按，中華本此處標點爲"侍中常侍"，無"侍中常侍"一職，應頓開。

[7]郾：縣名，治所在今河南省漯河市郾城區南。　臨潁：縣名，治所在今河南省臨潁縣西北。

[8]太常：官名，漢代稱奉常，本掌禮樂宗廟、社稷祭祀，魏晉時此職掌歸尚書裁定，太常成爲閑職。晋三品。

[9]盛滿者道家之所忌：《老子道德經注·四章》："道冲而用之或不盈"，王弼注："滿以造實，實來則溢。故冲而用之又復不盈，其爲無窮亦已極矣。"意謂水滿則溢，空而不滿，則用之無窮。

三年春，天子追封謚皇考京兆尹爲舞陽成侯。三月，奏穿廣漕渠，引河入汴，溉東南諸陂，始大佃於淮北。先是，吴遣將諸葛恪屯皖，[1]邊鄙苦之，帝欲自擊恪。議者多以賊據堅城，積穀，欲引致官兵。今懸軍遠攻，其救必至，進退不易，未見其便。帝曰："賊之所長者水也，今攻城，[2]以觀其變。若用其所長，棄城奔走，此爲廟勝也。若敢固守，湖水冬淺，船不得行，勢必棄水相救，由其所短，亦吾利也。"

[1]諸葛恪：三國時琅邪陽都（今山東省沂南縣南）人，字元遜，諸葛瑾長子，少有才名。歷任孫吴騎都尉、撫越將軍、領丹楊

太守、威北將軍、大將軍等職。孫權卒後，輔立孫亮，拜太傅，改善國政，頗得人心。孫吴建興二年（253）伐魏失敗，損兵折將，國内怨聲載道。後爲孫峻所殺。 皖：縣名，治所在今安徽省潜山市。

[2]今攻城：殿本作“今攻其城”。

四年秋九月，帝督諸軍擊諸葛恪，車駕送出津陽門。軍次于舒，[1]恪焚燒積聚，棄城而遁。帝以滅賊之要，在於積穀，乃大興屯守，廣開淮陽、百尺二渠，又修諸陂於潁之南北，萬餘頃。[2]自是淮北倉庾相望，壽陽至于京師，[3]農官屯兵連屬焉。[4]

[1]舒：縣名，治所在今安徽省廬江縣西南。

[2]又修諸陂於潁之南北，萬餘頃：中華本校勘記：“吴仕鑒《晋書斠注》：《食貨志》作‘大治諸陂于潁南潁北，穿渠三百餘里，溉田二萬頃’。紀文‘萬餘頃’上似脱‘溉田’二字。”

[3]壽陽：中華本校勘記按：“東晋時始改壽春爲壽陽，此處當作‘壽春’。”

[4]連屬：連接，連續。

五年春正月，帝至自淮南，[1]天子使持節勞軍。[2]尚書鄧颺、李勝等欲令曹爽建立功名，[3]勸使伐蜀。帝止之，不可，爽果無功而還。

[1]淮南：郡名，治所在壽春縣（今安徽省壽縣）。

[2]使持節：漢朝官吏奉使外出時，或由皇帝授予節杖，以提高其權力。魏晋以後，凡重要軍事長官出征或出鎮，加使持節，可

誅殺二千石以下官員。

[3]鄧颺：三國時南陽新野（今河南省新野縣）人，字玄茂。歷任曹魏尚書郎、洛陽令、潁川太守、大將軍長史、侍中、尚書等職。曹爽親信，司馬懿政變後被殺。　李勝：三國時南陽（今河南省南陽市）人，字公昭。歷任曹魏滎陽太守、河南尹等職。曹爽親信，司馬懿政變後被殺。

六年秋八月，曹爽毀中壘中堅營，[1]以兵屬其弟中領軍羲。[2]帝以先帝舊制禁之，不可。冬十二月，天子詔帝朝會乘輿升殿。

[1]中壘中堅營：曹魏設中壘營，由中壘將軍統轄，擔任宫禁宿衛。中壘中堅營當爲主力營。

[2]中領軍：官名，東漢建安中曹操改領軍置。與中護軍皆典禁兵，屬丞相府。晋三品。　羲：曹羲，曹爽之弟。與曹爽一起被殺。

七年春正月，吴寇柤中，夷夏萬餘家避寇北渡沔。[1]帝以沔南近賊，若百姓奔還，必復致寇，宜權留之。曹爽曰："今不能修守沔南而留百姓，非長策也。"帝曰："不然。凡物致之安地則安，危地則危。故兵書曰'成敗，形也；安危，勢也'。形勢，御衆之要，不可以不審。設令賊以二萬人斷沔水，三萬人與沔南諸軍相持，萬人陸梁柤中，[2]將何以救之？"爽不從，卒令還南。賊果襲破柤中，所失萬計。

[1]沔：沔水。柤中在今湖北省，此段的沔水即今漢江。

［2］陸梁：橫行，猖獗。

八年夏四月，夫人張氏薨。[1]曹爽用何晏、鄧颺、丁謐之謀，[2]遷太后於永寧宮，[3]專擅朝政，兄弟并典禁兵，多樹親黨，屢改制度。帝不能禁，於是與爽有隙。五月，帝稱疾不與政事。時人爲之謡曰："何、鄧、丁，亂京城。"

［1］夫人張氏：即司馬懿夫人張春華，本書卷三一有傳。

［2］何晏：三國魏南陽宛（今河南省南陽市）人，字平叔，玄學家。曹爽親信，官至尚書，典選舉，司馬懿政變後被殺。　丁謐：三國魏沛國譙縣（今安徽省亳州市）人，字彦靖。曹爽親信，歷任度支郎中、散騎常侍、尚書等職，司馬懿政變後被殺。

［3］遷太后於永寧宮：本書卷二九《五行志下》載："魏齊王正始二年十一月，南安郡地震。三年七月甲申，南安郡地震。十二月，魏郡地震。六年二月丁卯，南安郡地震。是時，曹爽專政，遷太后于永寧宮，太后與帝相泣而别。連年地震，是其應也。"運華認爲正始二年至六年一系列地震是曹爽"遷太后於永寧宮"的報應，證明遷太后於永寧宮發生在正始二年十一月以前。《三國志》卷五《魏書·明元郭皇后傳》載："齊王即位，尊后爲皇太后，稱永寧宮。"可證此事發生在齊王曹芳即位之初。（參見運華《對〈晋書〉一則史事的辯證》，《西北大學學報》1992年第2期）永寧宮，位於今河南省洛陽市東北。

九年春三月，黄門張當私出掖庭才人石英等十一人，[1]與曹爽爲伎人。爽、晏謂帝疾篤，遂有無君之心，與當密謀，圖危社稷，期有日矣。帝亦潛爲之備，爽之徒屬亦頗疑帝。會河南尹李勝將莅荊州，[2]來候帝。帝詐疾篤，使兩婢侍，持衣衣落，指口言渴，婢進粥，帝不持杯飲，粥皆流出霑胸。勝曰："衆情謂明公舊風發動，何意尊體乃爾！"帝使聲氣纔屬，[3]説："年老枕疾，死在旦夕。君當屈并州，并州近胡，善爲之備。恐不復相見，以子師、昭兄弟爲託。"勝曰："當還忝本州，非并州。"帝乃錯亂其辭曰："君方到并州。"勝復曰："當忝荊州。"帝曰："年老意荒，不解君言。今還爲本州，盛德壯烈，好建功勛！"勝退告爽曰："司馬公尸居餘氣，[4]形神已離，不足慮矣。"他日，又言曰："太傅不可復濟，[5]令人愴然。"故爽等不復設備。

[1]黄門張當私出掖庭才人：黄門，漢朝宫中小黄門、中黄門、黄門令統稱，均爲宦官。才人，皇帝嬪妃稱號。

[2]河南尹：官名，京都洛陽所在河南郡長官，主管京都事務。晋三品。

[3]聲氣纔屬（zhǔ）：聲音和氣息勉强相連。屬，連接。

[4]尸居：像死尸一樣存在。

[5]濟：度過，越過。此指司馬懿不能度過此劫。

嘉平元年春正月甲午，天子謁高平陵，[1]爽兄弟皆從。是日，太白襲月。[2]帝於是奏永寧太后廢爽兄弟。時景帝爲中護軍，[3]將兵屯司馬門。[4]帝列陣闕下，[5]經爽門。爽帳下督嚴世上樓，[6]引弩將射帝，孫謙止之曰："事未可知。"三注三止，皆引其肘不得發。大司農桓範出赴爽，[7]蔣濟言於帝曰：[8]"智囊往矣。"帝曰："爽與範内疏而智不及，駑馬戀短豆，[9]必不能用也。”於是假司徒高柔節，[10]行大將軍事，領爽營，謂柔曰：“君爲周勃矣。”[11]命太僕王觀行中領軍，[12]攝羲營。帝親帥太尉蔣濟等勒兵出迎天子，屯于洛水浮橋，上奏曰：“先帝詔陛下、秦王及臣升于御床，[13]握臣臂曰‘深以後事爲念’。今大將軍爽背棄顧命，敗亂國典，内則僭擬，外專威權。群官要職，皆置所親；宿衛舊人，并見斥黜。根據槃互，[14]縱恣日甚。又以黄門張當爲都監，專共交關，[15]伺候神器。天下洶洶，人懷危懼。陛下便爲寄坐，[16]豈得久安？此非先帝詔陛下及臣升御床之本意也。臣雖朽邁，敢忘前言！昔趙高極意，[17]秦是以亡；吕霍早斷，[18]漢祚永延，此乃陛下之殷鑒，臣受命之秋也。公卿群臣皆以爽有無君之心，兄弟不宜典兵宿衛，奏皇太后，[19]皇太后敕如奏施行。臣輒敕主者以黄門令罷爽、羲、訓吏兵，[20]各以本官侯就第。若稽留車駕，以軍法從事。臣輒力疾將兵詣洛水浮橋，伺察非常。”爽不通奏，留車駕宿伊水南，伐樹爲鹿角，發屯兵數千人以守。桓範果勸爽奉天子幸許昌，移檄徵天下兵。爽不能用，而夜遣侍中許允、尚書陳泰詣帝，[21]觀望風旨。帝數其過失，事止免官。泰還以報爽，勸之通奏。帝又遣爽所信殿中校尉尹大目諭爽，[22]指洛水爲誓，爽意信之。桓範等援引古今，諫説萬端。終不能從，乃曰：“司馬公正當欲奪吾權耳。吾得以侯還第，不失爲富家翁。”範拊膺曰：“坐卿，滅吾族矣！”遂通帝奏。既而有司劾黄門張當，并發爽與何晏等反事，乃收爽兄弟及其黨與何晏、丁謐、鄧颺、畢軌、李勝、桓範等誅之。[23]蔣濟曰："曹真之勛，不可以不祀。"帝不聽。初，爽司馬魯芝、主簿楊綜斬關奔爽。[24]及爽之將歸罪也，芝、綜泣諫曰："公居伊周之任，[25]挾天子，杖天威，孰敢不從？舍此而欲就東市，豈不痛哉！"有司奏收芝、綜科罪，帝赦之，曰："以勸事君者。"二月，天子以帝爲丞相，增封潁川之繁昌、鄢陵、新汲、父城，[26]并前八縣，邑二萬户，奏事不名。固讓丞相。冬十二月，加九錫之禮，[27]朝會不拜。固讓九錫。

[1]高平陵：魏明帝曹叡陵，位於今河南省洛陽市東南大石山。

[2]太白襲月：古人所觀察的天象，即金星離月亮較近。太白，金星。襲，進入。

[3]景帝：即司馬師。　中護軍：官名，掌武官選舉，與中領軍同掌禁軍。曹魏四品，晋三品。

[4]司馬門：皇宫外門。

[5]闕：宫門兩側的高臺，臺上起樓觀。

[6]帳下督：官名，在主帥軍中負責督兵。

[7]大司農：官名，掌管全國財政和各地的屯田。晋三品。　桓範：三國時沛郡（今安徽省濉溪縣西北）人，字元則。曹爽謀士。

[8]蔣濟：三國時楚國平阿（今安徽省懷遠縣西南）人，字子通。歷任揚州别駕、丞相主簿、西曹署，典選舉。齊王曹芳時官至太尉。

[9]駑馬戀短豆：中華本校勘記："武英殿本及《魏志·曹爽傳》注引干寶《晋紀》、《資治通鑑》七五'短豆'作'棧豆'，《御覽》八九五引干寶《晋紀》作'芻豆'。"

［10］高柔：三國時陳留圉縣（今河南省杞縣西南圉鎮）人，字文惠。初附袁紹，後歸曹操，歷任丞相倉曹屬、丞相理曹掾、治書侍御史，官至太尉。

［11］周勃：秦末泗水沛縣豐邑（今江蘇省豐縣）人。隨劉邦起兵，爲劉邦功臣。西漢建立後封絳侯，歷任太尉、相國。

［12］太僕：官名，掌皇帝車馬、田獵、兵器及全國牧業。晋三品。　行：兼攝官職。

［13］秦王：即曹詢，明帝曹叡養子。

［14］根據槃互：把持據守，互相勾結。互，原本、宋本、殿本作“牙”，據中華本改。

［15］交關：串通，勾結。

［16］便爲：即使。　寄坐：寄居人下不掌握實權。

［17］趙高極意：《史記》卷六《秦始皇本紀》載，趙高當政後殺李斯，逼走章邯，指鹿爲馬肆意弄權。極意，恣意，肆意。

［18］吕霍早斷：劉邦死後，吕后當政，諸吕親信據朝廷要職。吕后死，諸吕謀叛亂奪權，被周勃、陳平等老臣平定誅除。西漢昭帝起，霍光專擅朝政，宣帝時，其子霍禹及兄孫霍雲皆爲中郎將，霍雲弟霍山奉車都尉，霍光兩女婿爲東西宮都尉，昆弟諸婿外孫皆奉朝請，諸曹大夫、騎都尉、給事中，黨親連體，煊赫一時。霍光死後，霍禹謀反，被誅除。

［19］奏皇太后：奏，原本作“秦”，宋本、殿本作“奏”，“秦”顯誤，據宋本、殿本改。

［20］臣輒敕主者以黄門令：及，宋本作“以”。　訓：即曹訓，曹真子，曹爽弟。

［21］許允：三國時高陽（今河北省高陽縣東）人，字士宗。歷任中領軍、太尉、録尚書事等職。與李豐、夏侯玄親善。李豐謀誅司馬氏未遂被殺，許允被徙爲鎮北將軍，假節督河北諸軍事。未發，以放散官物，收付廷尉，徙樂浪，道死。　陳泰：三國時潁川許昌（今河南省許昌市東）人，字玄伯，陳群之子。歷任散騎侍

郎、護匈奴中郎將、雍州刺史、征西將軍、尚書僕射等職。

[22]殿中校尉：官名，領兵侍衛殿内，位在殿中將軍、中郎將之下。由皇帝及執政大臣的親信充任。晋七品。

[23]畢軌：三國時東平（今山東省東平縣東）人，字昭先。歷任曹魏黄門侍郎、并州刺史、中護軍、侍中、尚書、司隸校尉等職。

[24]魯芝：字世英，本書卷九〇有傳。　楊綜：字初伯，《三國志》裴松之注引《世語》載，任司馬昭長史，干寶《晋紀》載，楊綜被任爲安東參軍。

[25]伊：伊尹，輔佐商湯及其後代外丙、仲壬、太甲的賢臣。　周：周公，輔佐周武王、成王的重臣。

[26]繁昌：縣名，治所在今河南省臨潁縣西北。　鄢陵：縣名，治所在今河南省鄢陵縣西北。　新汲：縣名，治所在今河南省扶溝縣西南。　父城：縣名，治所在今河南省寶豐縣東。

[27]九錫：《漢書》卷六《武帝紀》顔師古注引應劭曰："一曰車馬，二曰衣服，三曰樂器，四曰朱户，五曰納陛，六曰虎賁百人，七曰鈇鉞，八曰弓矢，九曰秬鬯。此皆天子制度，尊之，故事事錫與，但數少耳。"

二年春正月，天子命帝立廟于洛陽，置左右長史，增掾屬、舍人滿十人，歲舉掾屬任御史、秀才各一人，[1]增官騎百人，鼓吹十四人，封子肜平樂亭侯，[2]倫安樂亭侯。[3]帝以久疾不任朝請，每有大事，天子親幸第以諮訪焉。兖州刺史令狐愚、太尉王淩貳於帝，[4]謀立楚王彪。[5]

[1]御史：官名，魏晋時爲侍御史、治書侍御史、督軍糧侍御史、殿中侍御史、監國侍御史等官的簡稱。　秀才：察舉科目，州

舉秀才，郡舉孝廉。

[2]肜：司馬肜，字子徽，本書卷三八有傳。

[3]倫：司馬倫，字子彝，本書卷五九有傳。

[4]兖州：三國魏治所在廩丘縣（今山東省鄆城縣西北），晋惠帝末，兖州闔境淪没於石勒。東晋元帝僑置兖州，治京口（今江蘇省鎮江市）。　令狐愚：三國時曹魏兖州刺史，王淩外甥。　王淩：三國時太原祁縣（今山西省祁縣東南）人，字彦雲。歷任曹魏建武將軍、揚州刺史、豫州刺史、征東將軍、都督揚州諸軍事等職。密謀擁立楚王曹彪，廢黜齊王曹芳，謀泄被殺。

[5]楚王彪：曹彪，字朱虎，曹操之子。曹操姬孫氏所生。黄初二年（221），封汝陽公。三年，封弋陽王。其年徙封吴王。六年，改封楚。嘉平元年（249），兖州刺史令狐愚與太尉王淩謀迎彪都許昌。謀泄後，廷尉請徵彪治罪。彪乃自殺。

三年春正月，王淩詐言吴人塞涂水，[1]請發兵以討之。帝潛知其計，不聽。夏四月，帝自帥中軍，泛舟沿流，九日而到甘城。[2]淩計無所出，乃迎于武丘，[3]面縛水次，曰："淩若有罪，公當折簡召淩，[4]何苦自來耶！"帝曰："以君非折簡之客故耳。"即以淩歸于京師。道經賈逵廟，[5]淩呼曰："賈梁道！王淩是大魏之忠臣，惟爾有神知之。"至項，[6]仰鴆而死。收其餘黨，皆夷三族，并殺彪。悉録魏諸王公置于鄴，命有司監察，不得交關。天子遣侍中韋誕持節勞軍于五池。[7]帝至自甘城，天子又使兼大鴻臚、太僕庾嶷持節，[8]策命帝爲相國，封安平郡公，孫及兄子各一人爲列侯，前後食邑五萬户，侯者十九人。固讓相國、郡公不受。六月，帝寢疾，夢賈逵、王淩爲祟，甚惡之。秋八月戊寅，崩于京師，時年七十三。天子素服臨吊，喪葬威儀依漢霍光故事，[9]追贈相國、郡公。弟孚表陳先志，辭郡公及轀輬車。[10]九月庚申，葬于河陰，謚曰文，後改謚宣文。[11]先是，預作終制，於首陽山爲土藏，[12]不墳不樹；作《顧命》三篇，斂以時服，不設明器，後終者不得合葬。一如遺命。晋國初建，追尊曰宣王。武帝受禪，上尊號曰宣皇帝，陵曰高原，廟稱高祖。

[1]涂水：即今安徽、江蘇境内長江北岸支流滁河。

[2]甘城：位於今安徽省潁上縣北。

[3]武丘：中華本校勘記："《魏志·王淩傳》、《通鑑》七五作'丘頭'。《魏志·文帝紀》甘露三年'魏帝命改丘頭曰武丘'，《高貴鄉公紀》同。改名在後，此時當作'丘頭'。"

[4]折簡：《資治通鑑》卷七五《魏紀》邵陵厲公嘉平三年引此文，胡三省注曰："漢制：簡長二尺，短者半之。蓋單執一札謂之簡。折簡者，折半之簡，言其禮輕也。"

[5]賈逵：三國時河東襄陵（今山西省臨汾市東南）人，字梁道。歷任澠池令、弘農太守、丞相主簿、諫議大夫、豫州刺史等職。在豫州興修水利惠民，死後吏民追思之，爲刻石立祠。

[6]項：縣名，治所在今河南省沈丘縣。

[7]韋誕：三國時京兆杜陵（今陝西省西安市東南）人，字仲將。歷任曹魏武都太守、侍中、中書監、光禄大夫等職。善書法，魏王室寶器銘題皆其所書。　五池：即五池溝，又名五池口，位於今河南省中牟縣西。

[8]大鴻臚：官名，九卿之一，掌賓客迎送接待，贊襄引導朝會百官等。晋三品。　庾嶷：三國魏潁川（今河南省許昌市東）人，字劭然。歷任議郎、太僕等職。

[9]依漢霍光故事：殿本無"漢"字。

[10]輼輬車：古代卧車。《史記》卷八七《李斯列傳》裴駰集解引孟康曰："如衣車，有窗牖，閉之則温，開之則凉，故名之'輼輬車'也。"漢以後多用作喪車。《漢書》卷六八《霍光傳》顔師古注："輼輬本安車也，可以卧息。後因載喪，飾以柳翣，故遂爲喪車耳。輼者密閉，輬者旁開窗牖，各别一乘，隨事爲名。後人既專以載喪，又去其一，總爲藩飾，而合二名呼之耳。"

[11]謚曰文，後改謚宣文：原本、宋本、殿本作"謚曰文貞，後改謚文宣"，據中華本校勘記改。

[12]首陽山：又名首山。位於今河南省偃師市西北，是邙山最高處，因日出先照，故名。

帝内忌而外寬，猜忌多權變。魏武察帝有雄豪志，聞有狼顧相，欲驗之，乃召使前行，令反顧，面正向後而身不動。又嘗夢三馬同食一槽，甚惡焉。因謂太子丕曰："司馬懿非人臣也，必預汝家事。"太子素與帝善，每相全佑，故免。帝於是勤於吏職，夜以忘寢，至於芻牧之間，[1]悉皆臨履，由是魏武意遂安。及平公孫文懿，大行殺戮。誅曹爽之際，支黨皆夷及三族，男女無少長，姑姊妹女子之適人者皆殺之，既而竟遷魏鼎云。

[1]芻牧：割草放牧。

明帝時，王導侍坐。[1]帝問前世所以得天下，導乃陳帝創業之始，及文帝末高貴鄉公事。明帝以面覆床曰："若如公言，晋祚復安得長遠！"迹其猜忍，蓋有符於狼顧也。

[1]王導：字茂弘，本書卷六五有傳。

制曰：[1]夫天地之大，黎元爲本；邦國之貴，元首爲先。治亂無常，興亡有運。是故五帝之上，居萬乘以爲憂；[2]三王已來，處其憂而爲樂。競智力，争利害，大小相吞，强弱相襲。逮乎魏室，三方鼎峙，干戈不息，氛霧交飛。[3]宣皇以天挺之姿，應期佐命，文以纘治，武以棱威。用人如在己，求賢若不及；情深阻而莫測，性寬綽而能容。和光同塵，[4]與時舒卷，戢鱗潜翼，思屬風雲。飾忠於已詐之心，延安於將危之命。觀其雄略内斷，英猷外决，殄公孫於百日，擒孟達於盈旬，自以兵動若神，謀無再計矣。既而擁衆西舉，與諸葛相持。抑其甲兵，本無鬥志，遺其巾幗，方發憤心。杖節當門，雄圖頓屈，請戰千里，詐欲示威。且秦蜀之人，勇懦非敵，夷險之路，[5]勞逸不同，以此争功，其利可見。而返閉軍固壘，[6]莫敢争鋒，生怯實而未前，死疑虚而猶遁，良將之道，失在斯乎！文帝之世，輔翼權重，許昌同蕭何之委，崇華甚霍光之寄。當謂竭誠盡節，伊傅可齊。[7]及明帝將終，棟梁是屬，受遺二主，佐命三朝，既承忍死之託，曾無殉生之報。天子在外，内起甲兵，陵土未乾，遽相誅戮，貞臣之體，寧若此乎！盡善之方，以斯爲惑。夫征討之策，豈東智而西愚？輔佐之心，何前忠而後亂？故晋明掩面，耻欺僞以成功；石勒肆言，笑奸回以定業。[8]古人有云，“積善三年，知之者少；爲惡一日，聞於天下”，可不謂然乎！雖自隱過當年，而終見嗤後代。亦猶竊鍾掩耳，以衆人爲不聞；鋭意盜金，謂市中爲莫睹。故知貪於近者則遺遠，溺於利者則傷名；若不損己以益人，則當禍人而福己。順理而舉易爲力，背時而動難爲功。况以未成之晋基，逼有餘之魏祚？雖復道格區宇，德被蒼生，而天未啓時，寶位猶阻，非可以智競，不可以力争，雖則慶流後昆，而身終於北面矣。

[1]制曰：皇帝文爲“制”。《史記》卷六《秦始皇本紀》：“臣等昧死上尊號，王爲‘泰皇’，命爲‘制’，令爲‘詔’。”裴駰集解引蔡邕曰：“制書，帝者制度之命也。其文曰‘制’。”此論爲唐太宗撰寫，因此稱制。

[2]萬乘：周制，天子地方千里，能出兵車万乘，因以“萬乘”指天子。

[3]氛霧交飛：戰亂交替不止。氛霧，戰亂。氛，原本、宋本作“氣”，殿本作“氛”，據殿本改。

[4]和光同塵：韜光隱晦，不露鋒芒。《道德真經注》：“和其光，同其塵。”吴澄注：“和，猶平也，掩抑之意；同，謂齊等而與之不異也。鏡受塵者不光，凡光者終必暗，故先自掩其光以同乎彼之塵，不欲其光也，則亦終無暗之時矣。”

[5]夷險之路：險，殿本作“阻”。

[6]返：殿本作“反”。

[7]伊：伊尹。　傅：傅説，商朝武丁時賢臣，曾爲刑徒，服勞役於傅岩，後被舉爲相，輔佐武丁振興王朝。

[8]石勒肆言，笑奸回以定業：石勒評司馬懿説：“終不能如曹孟德、司馬仲達父子欺他孤兒寡婦。”見本書卷一〇五《石勒載記》。

晉書　卷二

帝紀第二

景帝　文帝

景帝

景皇帝諱師，字子元，宣帝長子也。雅有風彩，[1]沉毅多大略。少流美譽，與夏侯玄、何晏齊名。[2]晏常稱曰：“惟幾也能成天下之務，司馬子元是也。”魏景初中，拜散騎常侍，[3]累遷中護軍。[4]爲選用之法，舉不越功，吏無私焉。宣穆皇后崩，[5]居喪以至孝聞。

[1]彩：殿本作“采”。

[2]夏侯玄：三國時沛國譙縣（今安徽省亳州市）人，字太初，夏侯淵之孫，曹爽之姑子。善談名理，玄學家。歷任散騎常侍、征西將軍、假節都督雍涼州諸軍事，官至大鴻臚。因謀殺司馬師未遂被殺。　何晏：三國魏南陽宛（今河南省南陽市）人，字平叔，玄學家。曹爽親信，官至尚書，典選舉，司馬懿政變後被殺。

[3]散騎常侍：官名，三國魏文帝黄初年間置，侍從皇帝左右，諫諍得失，顧問應對，與侍中等共平尚書奏事。也用作宰相、諸公

等加官，入宫議政。晋三品。

[4]中護軍：官名，掌武官選舉，與中領軍同掌禁軍。曹魏四品，晋三品。

[5]宣穆皇后：司馬懿夫人張春華，本書卷三一有傳。

宣帝之將誅曹爽，深謀秘策，獨與帝潛畫，文帝弗之知也，將發夕乃告之。既而使人覘之，帝寢如常，而文帝不能安席。晨會兵司馬門，[1]鎮静内外，置陣甚整。宣帝曰："此子竟可也。"初，帝陰養死士三千，散在人間，至是一朝而集，衆莫知所出也。事平，以功封長平鄉侯，食邑千户，尋加衛將軍。[2]及宣帝薨，議者咸云"伊尹既卒，伊陟嗣事"，[3]天子命帝以撫軍大將軍輔政。[4]

[1]司馬門：皇宫外門。

[2]尋加：宋本倒作"加尋"。　衛將軍：官名，魏晋時位在名號將軍之上，多爲軍府名號，加給大臣、重要州郡長官。晋二品，開府位從公者一品。

[3]伊陟：《詩·大雅·蕩》孔穎達疏："伊陟，伊尹之子。"

[4]撫軍大將軍：官名，三國魏文帝始置，皇帝出征，總管留守事。晋二品，開府位從公者一品。

魏嘉平四年春正月，遷大將軍，[1]加侍中，[2]持節、都督中外諸軍、録尚書事。[3]命百官舉賢才，明少長，恤窮獨，理廢滯。諸葛誕、毌丘儉、王昶、陳泰、胡遵都督四方，[4]王基、州泰、鄧艾、石苞典州郡，[5]盧毓、李豐掌選舉，[6]傅嘏、虞松參計謀，[7]鍾會、夏侯玄、王肅、陳本、孟康、趙酆、張緝預朝議，[8]四海傾注，朝野肅然。或有請改易制度者，帝曰："'不識不知，順帝之則'，[9]詩人之美也。三祖典制，所宜遵奉；自非軍事，不得妄有改革。"

[1]大將軍：官名，高級軍事統帥。曹魏時多以之屯駐長安，對付蜀漢，蜀漢以其爲最高軍事長官，孫吴則别置上大將軍居其上。西晋時爲八公之一，位居上公、大司馬下，三公之上。東晋時常專擅軍政事務。晋一品。

[2]侍中：官名，秦朝始置，東漢建安中與給事黄門侍郎出入禁中，省尚書事。曹魏時爲門下之侍中省長官。常侍衛皇帝左右，掌顧問應對、諫諍糾察、平議奏事、駁奏異議等，權力甚重。晋三品。

[3]持節：官員外出持有皇帝授予的節杖，代表高等權威，常用於軍事長官出征。　都督中外諸軍：官名，亦稱都督中外諸軍事。全國最高軍事統帥，總統中央地方的内外諸軍，權力極大。　録尚書事：官名，初爲職銜名，重臣加此名義始得總知國事，綜理政務，成爲真宰相。魏晋多以公卿權重者居之，總領尚書省政務，凡重號將軍、刺史皆得命曹授用，位在三公之上。

[4]諸葛誕：三國時琅邪陽都（今山東省沂南縣南）人，字公休。歷任曹魏滎陽令、御史中丞、尚書、揚州刺史、鎮東將軍、鎮南將軍、征東大將軍等職。後起兵反司馬昭，兵敗被殺。　毌丘儉：三國時河東聞喜（今山西省聞喜縣東北）人，字仲恭。歷任曹魏尚書郎、羽林監、洛陽典農、荆州刺史、幽州刺史等職。後舉兵反司馬師，兵敗被殺。　王昶：三國時太原晋陽（今山西省太原市西南）人，字文舒。歷任曹魏太子文學、洛陽典農、兖州刺史、揚烈將軍等職。參與平定毌丘儉、諸葛誕反叛有功，官至司空。　陳泰：三國時潁川許昌（今河南省許昌市東）人，字玄伯，陳群之

子。歷任散騎侍郎、護匈奴中郎將、雍州刺史、征西將軍、尚書僕射等職。　胡遵：三國時安定臨涇（今甘肅省鎮原縣東南）人，曹魏將領，歷任征東將軍、衛將軍等職，隨司馬懿西拒蜀漢，北征公孫淵，甘露元年（256）卒。

[5]王基：三國時東萊曲城（今山東省萊州市東北）人，字伯輿，一作伯興。從鄭玄學儒經。歷任郎中、中書侍郎、從事中郎。從征毌丘儉、諸葛誕，官至征南將軍、都督荆州諸軍事。　州泰：三國時南陽（今河南省南陽市）人，善用兵，歷任兖州刺史、豫州刺史，官至征虜將軍、假節都督江南諸軍事。　鄧艾：三國時義陽棘陽（今河南省南陽市南）人，字士載。歷任典農綱紀、尚書郎、討寇將軍、汝南太守、兖州刺史等職。平蜀漢有功，官至太尉。後爲鍾會所誣，以檻車徵回京師，中途爲衛瓘所殺。　石苞：字仲容，本書卷三三有傳。

[6]盧毓：三國時涿郡涿縣（今河北省涿州市）人，字子家，盧植子。歷任曹操丞相法曹議令史、吏部郎、黄門侍郎、梁譙二郡太守等職。官至司空。　李豐：三國魏馮翊（今陝西省大荔縣）人，字安國。歷任曹魏騎都尉、給事中、侍中、尚書僕射、中書令等職。因謀誅司馬師未遂被殺。

[7]傅嘏：三國時北地泥陽（今甘肅省寧縣東南）人，字蘭石。歷任曹魏尚書郎、黄門侍郎、河南尹、尚書等職。從征毌丘儉有功，進封陽鄉侯。　虞松：三國時陳留（今河南省開封市東）人，字叔茂，九江太守邊讓外孫。弱冠有才，從司馬懿征遼東，爲司馬懿作檄，及破賊，作露布。遷中書郎，官至中書令。

[8]鍾會：三國時潁川長社（今河南省長葛市東）人，字士季。鍾繇之子。歷任秘書郎、尚書郎、中書侍郎、黄門侍郎、司隸校尉。破蜀後因與姜維謀叛，失敗被殺。　王肅：三國魏東海郯（今山東省郯城縣北）人，字子雍。著名經學家，司馬昭岳父。歷任散騎黄門侍郎、散騎常侍、領秘書監、崇文觀祭酒、廣平太守等職。　孟康：三國時安平（今河北省衡水市冀州區）人，字公休。

歷任曹魏散騎侍郎、弘農太守、領典農校尉。在任清己奉職，嘉善而矜不能，省息獄訟，緣民所欲，吏民稱歌焉。嘉平末，從渤海太守徵入爲中書令，後轉爲中書監。　張緝：三國時人，任曹魏光禄大夫。因謀殺司馬師未遂被殺。

[9]不識不知，順帝之則：《詩·大雅·皇矣》句，意爲不識古，不知今，順天之法而行之。

五年夏五月，吴太傅諸葛恪圍新城，[1]朝議慮其分兵以寇淮泗，[2]欲戍諸水口。帝曰："諸葛恪新得政於吴，欲徼一時之利，并兵合肥，[3]以冀萬一，不暇復爲青徐患也。[4]且水口非一，多戍則用兵衆，少戍則不足以禦寇。"恪果并力合肥，卒如所度。帝於是使鎮東將軍毌丘儉、揚州刺史文欽等距之。[5]儉、欽請戰，帝曰："恪卷甲深入，投兵死地，其鋒未易當。且新城小而固，攻之未可拔。"遂命諸將高壘以弊之。相持數月，恪攻城力屈，死傷太半。帝乃敕欽督鋭卒趣合榆，[6]要其歸路，儉帥諸將以爲後繼。恪懼而遁，欽逆擊，大破之，斬首萬餘級。[7]

[1]諸葛恪：三國時琅邪陽都（今山東省沂南縣南）人，字元遜，諸葛瑾長子，少有才名。歷任孫吴騎都尉、撫越將軍、領丹楊太守、威北將軍、大將軍等職。孫權卒後，輔立孫亮，拜太傅，改善國政，頗得人心。建興二年（253）伐魏失敗，損兵折將，國内怨聲載道。後爲孫峻所殺。　新城：郡名，曹魏黄初元年（220）改房陵郡置，治所在房陵縣（今湖北省房縣）。

[2]淮：淮水，即今淮河，古代四瀆之一。原在今江蘇省北部獨流入海，金以後入黄河。　泗：泗水，源自今山東省泗水縣東蒙

山南麓，經曲阜、徐州等地至淮安市淮陰區西南入黄河。

[3]合肥：縣名，治所在今安徽省合肥市西。

[4]青：青州，治所在臨淄縣（今山東省淄博市東北）。　徐：徐州，治所在彭城縣（今江蘇省徐州市）。

[5]鎮東將軍：官名，東漢建安年間置，與鎮西、鎮南、鎮北將軍合稱四鎮將軍，多爲持節都督，出鎮方面。曹魏二品。晋三品，加持節都督者二品。　揚州：三國魏、吴各置揚州，魏治在壽春縣（今安徽省壽縣），吴治在建業縣（今江蘇省南京市）。西晋統一後復合，治所在建鄴縣（今江蘇省南京市）。　文欽：三國時譙郡（今安徽省亳州市）人，字仲若。歷任曹魏牙門將、廬江太守、揚州刺史等職。後與毌丘儉起兵反對司馬師，兵敗投降孫吴，任孫吴鎮北大將軍。

[6]帝乃敕：殿本無“帝”字。

[7]斬首萬餘級：級，原本、宋本作“給”，殿本作“級”，“給”顯誤，據殿本改。

正元元年春正月，天子與中書令李豐、后父光禄大夫張緝、黄門監蘇鑠、永寧署令樂敦、冗從僕射劉寶賢等謀以太常夏侯玄代帝輔政。[1]帝密知之，使舍人王羕以車迎豐。[2]豐見迫，隨羕而至，帝數之。豐知禍及，因肆惡言。帝怒，遣勇士以刀鐶築殺之。逮捕玄、緝等，皆夷三族。

[1]中書令：官名，掌收納尚書奏事，傳達皇帝詔旨。三國魏文帝初年分秘書置中書省，設中書監和中書令。職權甚重。晋三品。　光禄大夫：官名，三公等大臣告老回家即拜此職，或作爲在朝顯職的加官。晋三品，開府位從公者一品。　黄門監：官名，多以宦官擔任。　永寧署令：官名，齊王曹芳時爲郭太后後宫屬官，

由宦官充任。晋七品。　冗從僕射：官名，三國魏任用士人，統營兵，負責宫禁侍衛。晋五品。冗，原本作“穴”，宋本、殿本作“政”，據中華本改。　太常：官名，漢代稱奉常，本掌禮樂宗廟、社稷祭祀，魏晋時此職掌歸尚書裁定，太常成爲閑職。晋三品。

[2]舍人：官名，魏晋時太子府、王國、公府、將軍府、王妃及公主府皆設舍人，掌文檄之事。

三月，乃諷天子廢皇后張氏，[1]因下詔曰：“奸臣李豐等靖譖庸回，[2]陰構凶慝。[3]大將軍糾虔天刑，致之誅辟。周勃之克吕氏，霍光之擒上官，[4]曷以過之。其增邑九千户，并前四萬。”帝讓不受。

[1]諷：用委婉的語言暗示。

[2]靖譖庸回：《左傳·文公十八年》：“崇飾惡言，靖譖庸回。”杜預注：“靖，安也；庸，用也；回，邪也。”孔穎達疏：“安於讒譖，信用回邪，常行讒疾，陰隱爲恶，以誣罔盛德之賢人也。”

[3]凶慝：凶惡。

[4]霍光之擒上官：《漢書》卷六八《霍光傳》：漢武帝去世後，霍光與上官桀共同輔佐年幼的漢昭帝。霍光的女兒嫁給上官桀的兒子上官安爲妻，上官安的女兒又嫁給漢昭帝爲后。上官桀父子爲長公主的寵倖求官，多次被霍光拒絶，於是懷恨在心，與燕王旦、長公主共同誣陷霍光。後又謀令長公主置酒請霍光，於酒席上殺之，事泄被霍光所殺。

天子以玄、緝之誅，深不自安。而帝亦慮難作，潛謀廢立，乃密諷魏永寧太后。秋九月甲戌，太后下令曰：“皇帝春秋已長，不親萬機，[1]耽淫内寵，沉嫚女德，日近倡優，縱其醜虐，迎六宫家人留止内房，毁人倫之叙，亂男女之節。又爲群小所迫，將危社稷，不可以承奉宗廟。”[2]帝召群臣會議，流涕曰：“太后令如是，諸君其如王室何？”咸曰：“伊尹放太甲以寧殷，[3]霍光廢昌邑以安漢，[4]權定社稷，以清四海。二代行之於古，明公當之於今，今日之事，惟命是從。”帝曰：“諸君見望者重，安敢避之？”乃與群公卿士共奏太后曰：“臣聞天子者，所以濟育群生，永安萬國。皇帝春秋已長，未親萬機，[5]日使小優郭懷、袁信等裸袒淫戲。又於廣望觀下作遼東妖婦，道路行人莫不掩目。清商令令狐景諫帝，[6]帝燒鐵灸之。太后遭合陽君喪，[7]帝嬉樂自若。清商丞龐熙諫帝，[8]帝弗聽。[9]太后還北宫，殺張美人，帝甚恚望。熙諫，帝怒，復以彈彈熙。每文書入，帝不省視。太后令帝在式乾殿講學，帝又不從。不可以承天序。臣請依霍光故事，[10]收皇帝璽綬，以齊王歸藩。”奏可，於是有司以太牢策告宗廟，[11]王就乘輿副車，群臣從至西掖門。[12]帝泣曰：“先臣受歷世殊遇，先帝臨崩，託以遺詔。臣復忝重任，不能獻可替否。[13]群公卿士，遠惟舊典，爲社稷深計，寧負聖躬，使宗廟血食。”於是使使者持節衛送，舍河内之重門，誅郭懷、袁信等。

[1]不親萬機：機，殿本作“幾”。

[2]不可以承奉宗廟：殿本無“以”字。

[3]伊尹放太甲：《尚書·太甲上》：“太甲既立，弗明，伊尹放諸桐。”

[4]霍光廢昌邑：《漢書》卷六八《霍光傳》載：漢昭帝去世，霍光迎昌邑王劉賀即帝位。不久以其行淫亂危社稷將其廢掉。

[5]未親萬機：機，殿本作“幾”。

[6]清商令：官名，三國魏置。管理後宮門户、宮女事務。

[7]合陽君：即魏明帝郭皇后母親。

[8]清商丞：官名，清商令的副手。

[9]帝弗聽：弗，殿本作“勿”。

[10]請依霍光故事：殿本作“請依昔漢霍光故事”。故事，舊事，先例。

[11]太牢：用牛羊豕三牲祭祀稱太牢。《莊子・至樂》：“具太牢以爲膳。”成玄英疏：“太牢，牛羊豕也。”

[12]西掖門：宮西旁小門。《初學記》卷二四《居處部・門》引《洛陽故宮記》：“（洛陽有）南掖門、北掖門、東掖門、西掖門。”

[13]獻可替否：進獻可行者，廢去不可行者。謂對君主進諫，勸善規過。亦泛指議論國事興革。語出《左傳・昭公二十年》：“君所謂可而有否焉，臣獻其否以成其可。君所謂否而有可焉，臣獻其可以去其否。”

是日，與群臣議所立。帝曰：“方今宇宙未清，二虜争衡，[1]四海之主，惟在賢哲。彭城王據，太祖之子，以賢，則仁聖明允；以年，則皇室之長。天位至重，不得其才，不足以寧濟六合。”乃與群公奏太后。太后以彭城王先帝諸父，於昭穆之序爲不次，[2]則烈祖之世永無承嗣。東海定王，明帝之弟，欲立其子高貴鄉公髦。帝固争不獲，乃從太后令，遣使迎高貴鄉公於元城而立之，[3]改元曰正元。天子受璽墮，[4]舉趾高，[5]帝聞而憂之。及將大會，帝訓於天子曰：“夫聖王重始，正本敬初，古人所慎也。明當大會，萬衆瞻穆穆之容，[6]公卿聽玉振之音。《詩》云：‘示人不佻，是則是效。’[7]《易》曰：‘出其言善，則千里之外應之。’[8]雖禮儀周備，猶宜加之以祗恪，以副四海顒顒式仰。[9]

[1]二虜：指孫吴和蜀漢。

[2]昭穆：古代宗法制度，宗廟或宗廟中神主的排列次序，始祖居中，以下父子（祖、父）遞爲昭穆，左爲昭，右爲穆。《周禮·春官·小宗伯》：“辨廟祧之昭穆。”鄭玄注：“父曰昭，子曰穆。”

[3]元城：縣名，陽平郡治所，在今河北省大名縣東北。

[4]墮：殿本作“惰”。

[5]舉趾高：舉止高傲。

[6]穆穆：儀容端莊。

[7]示人不佻，是則是效：語見《詩·小雅·鹿鳴》，意爲莊重不輕佻，爲人所效法。

[8]出其言善，則千里之外應之：語見《易·繫辭上》。

[9]顒顒：仰慕貌。

癸巳，天子詔曰：“朕聞創業之君，必須股肱之臣；[1]守文之主，亦賴匡佐之輔。是故文武以吕、召彰受命之功，宣王倚山甫享中興之業。[2]大將軍世載明德，應期作輔。遭天降險，帝室多難，齊王莅政，不迪率典。公履義執忠，以寧區夏，式是百辟，[3]總齊庶事。内摧寇虐，外静奸宄，[4]日昃憂勤，劬勞夙夜。德聲光于上下，勛烈施于四方。深惟大議，首建明策，權定社稷，援立朕躬，宗廟獲安，億兆慶賴。伊摯之保乂殷邦，[5]公旦之綏寧周室，[6]蔑以尚焉。[7]朕甚嘉之。夫德茂者位尊，庸大者禄厚，[8]古今之通義也。其登位相國，增邑九千，并前四萬户；進號大都督、假黄鉞，[9]入朝不趨，奏事不名，劍履上殿；賜錢五百萬，帛五千匹，以彰元勛。”帝固辭相國。

［1］股肱：大腿和胳膊，比喻左右輔佐之臣。

［2］山甫：即仲山甫，又稱樊仲、樊穆仲、樊仲山父，周宣王大臣。

［3］式是百辟：百官的榜樣。百辟，百官。

［4］内摧寇虐，外静奸宄：周家禄《晋書校勘記》：“内摧寇虐，外靖奸宄”當作“外摧寇虐，内靖奸宄”。

［5］伊摯之保乂殷邦：伊尹治理殷商使之安定太平。伊摯，即伊尹。

［6］公旦：即周公旦，亦稱文公、叔旦。周武王弟，與吕尚同爲西周開國元勛。以魯公封於曲阜。武王去世，輔佐成王，平定叛亂，營建洛邑，制禮作樂，功勛卓著。

［7］蔑以尚焉：没有什麼可以超過。蔑，没有。

［8］庸：功勛。

［9］大都督：官名，高級軍事長官。三國初作爲加官於戰時臨時設置，後逐漸成爲常設加官官職，地位極高。 假黄鉞：假以黄鉞。黄鉞即飾以黄金的斧鉞，爲皇帝儀仗。賜予出征重臣，以示威重，令其專主征伐。

又上書訓於天子曰：“荆山之璞雖美，不琢不成其寶；顔、冉之才雖茂，[1]不學不弘其量。仲尼有云：‘予非生而知之者，好古，[2]敏以求之者也。’仰觀黄軒五代之主，[3]莫不有所禀則，顓頊受學於録圖，[4]高辛問道於柏招。[5]逮至周成，旦望作輔，故能離經辯志，安道樂業。夫然，故君道明於上，兆庶順於下。刑措之隆，實由於此。宜遵先王下問之義，使講誦之業屢聞於聽，典謨之言日陳於側也。”[6]時天子頗修華飾，帝又諫曰：“履端初政，宜崇玄樸。”[7]並敬納焉。十一月，有白氣經天。[8]

[1]顏、冉：孔子的兩個弟子，顏回和冉有。

[2]好古：中華本此處没有標點符號。萬久富先生認爲，“好古”謂愛好古道，“敏”是努力的意思。好古後應加逗號。（參見萬久富《〈晋書〉點校劄記》，《南通師範學院學報》1999年第3期）

[3]黄軒：即黄帝。《史記》卷一《五帝本紀》：“黄帝者，少典之子，姓公孫，名曰軒轅。”

[4]顓頊：上古帝王，姬姓，號高陽氏，黄帝後裔。　録圖：録，殿本作“緑”。

[5]高辛：即帝嚳，上古帝王，姬姓，號高辛氏。

[6]典謨：經典。

[7]玄樸：純真，樸實。

[8]白氣經天：白氣在天上飄過。經，經過。

二年春正月，有彗星見于吴楚之分，[1]西北竟天。[2]

[1]吴楚之分：吴楚兩地的分野。

[2]西北竟天：劃向西北的天邊。

鎮東大將軍毌丘儉、揚州刺史文欽舉兵作亂，[1]矯太后令移檄郡國，爲壇盟于西門之外，各遣子四人質于吴以請救。二月，儉、欽帥衆六萬，渡淮而西。[2]帝會公卿謀征討計，[3]朝議多謂可遣諸將擊之，王肅及尚書傅嘏、中書侍郎鍾會勸帝自行。[4]戊午，[5]帝統中軍步騎十餘萬以征之。[6]倍道兼行，召三方兵，大會于陳、許之郊。

[1]鎮東大將軍：官名，三國魏置，職掌與鎮東將軍同，唯資歷深者得任此職。晋二品，開府位從公者一品。　文欽：三國時譙郡（治今安徽省亳州市）人，字仲若。歷任曹魏牙門將、廬江太守、揚州刺史等職。後與毌丘儉起兵反對司馬師，兵敗投降孫吴，任孫吴鎮北大將軍。

[2]二月，儉、欽帥衆六萬，渡淮而西：中華本校勘記：“《魏志·高貴鄉公紀》稱，儉、欽起兵在二年正月十二日乙丑，《魏志·毌丘儉傳》注引欽《與郭淮書》云：‘小人以閏月十六日别進兵，就於樂嘉城討師。’《高貴鄉公紀》謂閏月己亥破欽於樂嘉，甲辰斬儉首。按：是年閏正月，己亥爲閏正月十六日，甲辰爲二十一日，儉、欽起兵及事敗皆在二月以前。此繫於二月，恐誤。”

[3]謀征討計：原本、宋本作“謀征許”，殿本作“謀征討計”，據殿本改。

[4]尚書：官名，東漢尚書臺六曹各置尚書。秩六百石。魏晋出爲朝官，分掌尚書省諸曹，品秩提高。晋三品。　中書侍郎：官名，三國魏文帝黄初初年設中書省，在長官中書監、中書令以下有通事郎，後增設中書郎，亦稱中書侍郎。掌草擬詔書，外出執行重要使命等。晋五品。

[5]戊午：中華本校勘記：“按：‘戊午’爲二月初六，時欽、儉已敗。沈家本《三國志瑣言》謂‘戊午’爲‘戊寅’之誤。欽、

儉以正月十二日起兵，司馬師以正月二十五日戊寅出征，其説當是。此繫於‘二月’下非，日干亦誤。”

[6]中軍：軍事編制，相對外軍之言，即朝廷軍隊。

甲申，次于㶏橋，[1]儉將史招、李續相次來降。儉、欽移入項城，[2]帝遣荆州刺史王基進據南頓以逼儉。[3]帝深壁高壘，以待東軍之集。諸將請進軍攻其城，帝曰：“諸君得其一，未知其二。淮南將士本無反志。[4]且儉、欽欲蹈縱横之迹，習儀、秦之説，[5]謂遠近必應。而事起之日，淮北不從，史招、李續前後瓦解。内乖外叛，自知必敗，困獸思鬥，速戰更合其志。雖云必克，傷人亦多。且儉等欺誑將士，詭變萬端，小與持久，詐情自露，此不戰而克之也。”乃遣諸葛誕督豫州諸軍自安風向壽春，[6]征東將軍胡遵督青、徐諸軍出譙宋之間，[7]絶其歸路。

[1]甲申，次于㶏橋：中華本校勘記：“甲申爲閏正月初一。次於㶏橋與司馬師之死，皆閏月間事。下文‘閏月’二字當冠在‘甲申’上，《通鑑》七六可證。”㶏橋，㶏水之橋。㶏水，古水名，故道源自今河南省漯河市郾城區西南汝河，東流至今河南省商水縣西北入潁水。

[2]項城：縣名，治所在今河南省項城市。

[3]荆州：此指曹魏荆州，治所在新野縣（在今河南省新野縣）。　南頓：縣名，治所在今河南省項城市西南。

[4]淮南：郡名，治所在壽春縣（今安徽省壽縣）。

[5]儀、秦：張儀和蘇秦，縱横家。張儀，戰國時魏國人，貴族後裔。游説楚秦等國，在秦主張連横策略。蘇秦，戰國時東周洛

陽人，早年游説諸侯，主張合縱攻秦。

[6]豫州：此即曹魏豫州，治所在安城縣（今河南省正陽縣東北）。　安風：縣名，治所在今安徽省霍邱縣西南。　壽春：縣名，治所在今安徽省壽縣東南。

[7]征東將軍：官名，東漢末置，與征西、征南、征北將軍合稱四征將軍。魏晋時多爲持節都督，出鎮方面。晋三品，加持節都督者二品。　譙：縣名，治所在今安徽省亳州市。　宋：縣名，治所在今安徽省太和縣北。

帝屯汝陽，[1]遣兖州刺史鄧艾督太山諸軍進屯樂嘉，[2]示弱以誘之。欽進軍將攻艾，帝潛軍銜枚，徑造樂嘉，與欽相遇。欽子鴦，年十八，勇冠三軍，謂欽曰："及其未定，請登城鼓譟，擊之可破也。"既謀而行，三譟而欽不能應，鴦退，相與引而東。帝謂諸將曰："欽走矣。"[3]命發鋭軍以追之。諸將皆曰："欽舊將，鴦少而鋭，引軍内入，未有失利，必不走也。"帝曰："一鼓作氣，再而衰，三而竭。[4]鴦三鼓，欽不應，其勢已屈，不走何待？"欽將遁，鴦曰："不先折其勢，不得去也。"乃與驍騎十餘摧鋒陷陣，所向皆披靡，遂引去。帝遣左長史司馬璉督驍騎八千翼而追之，[5]使將軍樂綝等督步兵繼其後。比至沙陽，[6]頻陷欽陣，弩矢雨下，欽蒙楯而馳。大破其軍，衆皆投戈而降，欽父子與麾下走保項。儉聞欽敗，棄衆宵遁淮南。安風津都尉追儉，[7]斬之，傳首京都。欽遂奔吴，淮南平。

[1]汝陽：縣名，治所在今河南省商水縣西北。

[2]兖州：此即曹魏兖州，治所在廩丘縣（今山東省鄆城縣西

北）。　太山：郡名，治所在奉高縣（今山東省泰安市東）。　樂嘉：縣名，治所在今河南省項城市南頓。

[3]走：逃跑，逃奔。

[4]一鼓作氣，再而衰，三而竭：語出《左傳·莊公十年》。

[5]左長史：官名，丞相府屬官，東漢末曹操爲丞相時置，與右長史共領相府諸曹。晉六品。

[6]比至沙陽：等到到了沙陽。沙陽，沙水之陽。沙水，古水名，故道承汴水於今河南省開封市東，流經今安徽省蒙城縣至懷遠縣西南流入淮河。

[7]安風津：位於今安徽省霍丘縣北淮河上。　都尉：此指負責安風津守護的軍事長官。

初，帝目有瘤疾，使醫割之。鴦之來攻也，驚而目出。懼六軍之恐，蒙之以被，痛甚，齧被敗而左右莫知焉。閏月疾篤，使文帝總統諸軍。辛亥，崩于許昌，[1]時年四十八。

[1]許昌：縣名，治所在許昌城（今河南省許昌市東）。

二月，帝之喪至自許昌，天子素服臨吊，詔曰："公有濟世寧國之勛，克定禍亂之功，重之以死王事，宜加殊禮。其令公卿議制。"有司議以爲忠安社稷，功濟宇内，宜依霍光故事，追加大司馬之號以冠大將軍，[1]增邑五萬户，謚曰武公。文帝表讓曰："臣亡父不敢受丞相相國九命之禮，[2]亡兄不敢受相國之位，誠以太祖常所階歷也。今謚與二祖同，必所祗懼。[3]昔蕭何、張良、霍光咸有匡佐之功，[4]何謚文終，良謚文成，光謚宣成。必以文武爲謚，請依何等就加。”詔許之，謚曰忠武。晋國既建，追尊曰景王。武帝受禪，上尊號曰景皇帝，陵曰峻平，廟稱世宗。

[1]追加大司馬之號以冠大將軍：原本、宋本、殿本作“追加大司馬之號以冠軍大將軍”，據中華本校勘記删掉“冠”字下“軍”字。大司馬，官名，八公之一，位在上公之下、大將軍及三公之上，高級將帥，多爲大臣加官。晋一品。

[2]九命：即九錫。《漢書》卷六《武帝紀》顔師古注引應劭曰：“一曰車馬，二曰衣服，三曰樂器，四曰朱户，五曰納陛，六曰虎賁百人，七曰鈇鉞，八曰弓矢，九曰秬鬯。此皆天子制度，尊之，故事事錫與，但數少耳。”

[3]祗懼：敬懼，小心謹慎。《尚書・泰誓上》：“予小子夙夜祗懼。”

[4]蕭何：秦末泗水沛縣豐邑（今江蘇省豐縣）人。隨劉邦起兵反秦。楚漢戰争中，留守關中，爲前綫籌集糧草。劉邦稱帝後，因功高封酇侯。助吕后誅除韓信，封相國。劉邦死後復事惠帝，死前推薦曹參繼任。　張良：秦末人，字子房，韓國貴族後裔。隨劉邦起兵反秦，爲重要謀士。屢出奇策，被劉邦譽爲“運籌帷幄之中，决勝千里之外”。劉邦稱帝後封爲留侯。　霍光：西漢河東平陽（今山西省臨汾市西南）人，字子孟，霍去病異母弟。爲武帝所親信，武帝臨終，任其爲大司馬大將軍，封博陸侯，與金日磾等人輔佐少主。昭帝繼位後，霍光誅除上官桀，先立後廢昌邑王劉賀，專擅朝政前後長達二十年。期間輕徭薄賦，與民休息，社會較安定。

文帝

文皇帝諱昭，字子上，景帝之母弟也。魏景初二年，[1]封新城鄉侯。正始初，爲洛陽典農中郎將。[2]值魏明奢侈之後，帝蠲除苛碎，不奪農時，百姓大悦。轉散騎常侍。

[1]魏景初二年：二，原本、宋本作“三”，殿本作“二”，據殿本改。

[2]洛陽：古都名，戰國時稱雒陽，三國曹魏時改爲洛陽。位於今河南省洛陽市東北。　典農中郎將：官名，簡稱典農，掌管屯田事務、管理所部吏民，相當於郡守。六品。

大將軍曹爽之伐蜀也，以帝爲征蜀將軍，副夏侯玄出駱谷，[1]次于興勢。[2]蜀將王林夜襲帝營，帝堅卧不動。林退，帝謂玄曰：“費禕以據險距守，[3]進不獲戰，攻之不可，宜亟旋軍，以爲後圖。”爽等引旋，禕果馳兵趣三嶺，争險乃得過。遂還，拜議郎。[4]及誅曹爽，帥衆衛二宫，以功增邑千户。

[1]駱谷：位於今陝西省周至縣西南。

[2]興勢：即興勢山，位於今陝西省洋縣北。

[3]費禕：三國時江夏鄳縣（今河南省信陽市東北）人，游學入蜀。劉備定蜀，遂居益州。受諸葛亮器重，歷任侍中、丞相參軍、中護軍、丞相司馬。諸葛亮去世後任軍師，後任尚書令，繼蔣琬執政。後被魏郭修刺殺。

[4]議郎：官名，西漢始置。魏晋時品秩雖低，名義清高。晋七品。

蜀將姜維之寇隴右也，[1]征西將軍郭淮自長安距之。[2]進帝位安西將軍、持節，[3]屯關中，[4]爲諸軍節度。淮攻維别將句安於麴，[5]久而不决。帝乃進據長城，[6]南趣駱谷以疑之。維懼，退保南鄭，[7]安軍絶援，帥衆來降。轉安東將軍、持節，[8]鎮許昌。

[1]姜維：三國時天水冀縣（今甘肅省甘谷縣東南）人，字伯約。本仕曹魏，後歸蜀漢。歷任征西將軍、凉州刺史、衛將軍、録尚書事、大將軍等。蜀漢景耀六年（263）成都被曹魏軍攻破，後主投降，乃受命投降魏將鍾會。後與鍾會謀叛，失敗被殺。　隴右：地區名，指甘肅隴山以西地區。

[2]征西將軍：官名，東漢永元間置，地位與雜號將軍、偏將軍、裨將軍等同。建安年間與征東、征南、征北將軍合稱四征將軍，地位提高。晋三品，加持節都督者二品。　郭淮：三國時太原陽曲（今山西省陽曲縣西南）人，歷任曹魏鎮西長史、雍州刺史、征西將軍、都督雍凉諸軍事等職。在關内三十餘年，有大功，死後追贈大將軍。

[3]安西將軍：官名，東漢建安年間置，與安東、安南、安北將軍合稱四安將軍，爲出鎮某一地區的軍事長官，或作爲刺史等兼理軍務的加官，權任頗重。晋三品，加持節都督者二品。

[4]關中：地區名，函谷關以西秦國故地，包括今河南靈寶市以西及陝西省、甘肅省東部和四川省部分地區。

[5]麴：即麴城，位於今甘肅省岷縣東南。

[6]長城：位於今陝西省周至縣西南。

[7]南鄭：縣名，治所在今陝西省漢中市。

[8]安東將軍：官名，東漢建安年間置，與安西、安南、安北將軍合稱四安將軍，爲出鎮某一地區的軍事長官，或作爲刺史等兼理軍務的加官，權任頗重。晋三品，加持節都督者二品。

及大軍討王淩，[1]帝督淮北諸軍事，帥師會于項。增邑三百户，假金印紫綬。尋進號都督，[2]統征東將軍胡遵、鎮東將軍諸葛誕伐吴，戰于東關。[3]二軍敗績，坐失侯。

[1]王淩：三國時太原祁縣（今山西省祁縣東南）人，字彦雲。歷任曹魏建武將軍、揚州刺史、豫州刺史、征東將軍、都督揚州諸軍事等職。密謀擁立楚王曹彪，廢黜齊王曹芳，謀泄被殺。

[2]都督：領兵將帥，此處都督爲加號，以示權重。

[3]東關：地名，三國吴諸葛恪築，在今安徽省含山縣西南裕溪河東岸濡須山上。

蜀將姜維又寇隴右，揚聲欲攻狄道。[1]以帝行征西將軍，次長安。雍州刺史陳泰欲先賊據狄道，[2]帝曰："姜維攻羌，收其質任，聚穀作邸閣訖，[3]而復轉行至此，正欲了塞外諸羌，爲後年之資耳。若實向狄道，安肯宣露，令外人知？今揚聲言出，此欲歸也。"維果燒營而去。會新平羌胡叛，[4]帝擊破之，遂耀兵靈州，[5]北虜震讋，叛者悉降。以功復封新城鄉侯。

[1]狄道：縣名，治所在今甘肅省臨洮縣。

[2]雍州：治所在姑臧縣（今甘肅省武威市）。東漢建安十八年（213）移治長安（今陕西省西安市西北）。

[3]邸閣：倉儲治所。

[4]新平：郡名，治所在漆縣（今陕西省彬州市）。

[5]靈州：縣名，治所在今寧夏回族自治區靈武市北。

高貴鄉公之立也，以參定策，進封高都侯，增封二千户。毌丘儉、文欽之亂，大軍東征，帝兼中領軍，[1]留鎮洛陽。及景帝疾篤，帝自京都省疾，拜衛將軍。景帝崩，天子命帝鎮許昌，尚書傅嘏帥六軍還京師。帝用嘏及鍾會策，自帥軍而還。至洛陽，進位大將軍，加侍中，都督中外諸軍、録尚書事，輔政，劍履上殿。帝固辭不受。

[1]中領軍：官名，東漢建安中曹操改領軍置。與中護軍皆典禁兵。晋三品。

甘露元年春正月，加大都督，奏事不名。夏六月，進封高都公，地方七百里，加之九錫，假斧鉞，進號大都督，劍履上殿。又固辭不受。秋八月庚申，加假黄鉞，增封三縣。

二年夏五月辛未，鎮東大將軍諸葛誕殺揚州刺史樂綝，以淮南作亂，遣子靚爲質於吴以請救。議者請速伐之，帝曰："誕以毌丘儉輕疾傾覆，今必外連吴寇，此爲變大而遲。吾當與四方同力，以全勝制之。"乃表曰："昔黥布叛逆，[1]漢祖親征；隗囂違戾，[2]光武西伐；烈祖明皇帝乘輿仍出：皆所以奮揚赫斯，[3]震耀威武也。陛下宜暫臨戎，使將士得憑天威。今諸軍可五十萬，以衆擊寡，蔑不克矣。"

[1]黥布：本名英布，因受過黥刑，故名。秦末人，先爲項羽手下，後投劉邦。漢王五年（前 202），與劉賈入九江，誘降楚王

大司馬周殷，舉九江兵會垓下，大破楚軍。漢朝建立後，因叛亂失敗被殺。

[2]隗囂：西漢末天水成紀（今甘肅省静寧縣西南）人，字季孟。新莽末年起兵，攻占隴西、武都、酒泉等地。東漢建立後歸附劉秀，但内心圖謀割據。公孫述割據蜀地，隗囂予以響應配合，後因手下大將王遵等率兵十餘萬歸降東漢，因大勢已去，憂憤而死。

[3]赫斯：帝王盛怒的樣子。語出《詩·大雅·皇矣》："王赫斯怒，爰整其旅。"鄭玄箋："赫，怒意。"

秋七月，奉天子及皇太后東征，徵兵青、徐、荆、豫，分取關中游軍，皆會淮北。師次于項，假廷尉何楨節，[1]使淮南，宣慰將士，申明逆順，示以誅賞。甲戌，帝進軍丘頭。[2]吴使文欽、唐咨、全端、全懌等三萬餘人來救誕，諸將逆擊，不能禦。將軍李廣臨敵不進，泰山太守常時稱疾不出，並斬之以徇。

[1]廷尉：官名，中央最高司法審判機構長官，負責會審朝中有罪文武大臣，覆核審决郡國疑獄等。晋三品。　何楨：廬江（今安徽省廬江縣西南）人，字元幹。有文學器幹，容貌甚偉。曹魏時歷幽州刺史、廷尉等職，入晋爲尚書、光禄大夫。

[2]丘頭：位於今河南省沈丘縣東南。

八月，吴將朱異帥兵萬餘人，[1]留輜重於都陸，[2]輕兵至黎漿。[3]監軍石苞、兖州刺史州泰禦之，[4]異退。泰山太守胡烈以奇兵襲都陸，焚其糧運。苞、泰復進擊異，大破之。異之餘卒餒甚，食葛葉而遁，[5]吴人殺異。帝曰："異不得至壽春，非其罪也，而吴人殺之，適以謝壽春而堅誕意，[6]使其猶望救耳。若其不爾，彼當突圍，決一旦之命。或謂大軍不能久，省食減口，冀有他變。料賊之情，不出此三者。今當多方以亂之，備其越逸，此勝計也。”因命合圍，分遣羸疾就穀淮北，廩軍士大豆，人三升。欽聞之，果喜。帝愈羸形以示之，多縱反間，揚言吳救方至。誕等益寬恣食，俄而城中乏糧。石苞、王基並請攻之，帝曰：“誕之逆謀，非一朝一夕也，聚糧完守，外結吳人，自謂足據淮南。欽既同惡相濟，必不便走。今若急攻之，損游軍之力。外寇卒至，表裏受敵，此危道也。今三叛相聚於孤城之中，天其或者將使同戮。吾當以長策縻之，但堅守三面。若賊陸道而來，軍糧必少，吾以游兵輕騎絶其轉輸，可不戰而破外賊。外賊破，欽等必成擒矣。”全懌母，孫權女也，得罪於吳，全端兄子禕及儀奉其母來奔。[7]儀兄静時在壽春，用鍾會計，作禕、儀書以譎静。[8]静兄弟五人帥其衆來降，城中大駭。

[1]朱異：三國時吳郡吳縣（今江蘇省蘇州市）人，孫吳將軍朱桓之子。歷任偏將軍、鎮南將軍等職。

[2]都陸：即都陸城，位於今安徽省六安市西。

[3]黎漿：即黎漿亭，位於今安徽省壽縣東南。

[4]監軍：官名，軍隊出征所置官員，掌監視將帥，權勢頗重。四品。

[5]葛：多年生草本植物。莖蔓生。塊根含淀粉，供食用，亦可入药，能發汗解熱。

[6]堅誕意：使諸葛誕心意堅定。

[7]全端兄子禕：中華本校勘記："《魏志·鍾會傳》、《通鑑》七七'禕'皆作'輝'。"

[8]以譎静：用來欺誑全静。

三年春正月壬寅，誕、欽等出攻長圍，諸軍逆擊，走之。初，誕、欽内不相協，及至窮蹙，轉相疑貳。會欽計事與誕忤，誕手刃殺欽。欽子鴦攻誕，不克，逾城降。以爲將軍，封侯，使鴦巡城而呼。帝見城上持弓者不發，謂諸將曰："可攻矣！"二月乙酉，攻而拔之，斬誕，夷三族。吴將唐咨、孫曼、孫彌、徐韶等帥其屬皆降，[1]表加爵位，廪其餒疾。或言吴兵必不爲用，請坑之。帝曰："就令亡還，[2]適見中國之弘耳。"於是徙之三河。[3]夏四月，歸于京師，魏帝命改丘頭曰武丘，以旌武功。五月，天子以并州之太原、上黨、西河、樂平、新興、雁門，[4]司州之河東、平陽八郡，[5]地方七百里，封帝爲晋公，加九錫，進位相國，晋國置官司焉。九讓，乃止。於是增邑萬户，食三縣，諸子之無爵者皆封列侯。秋七月，奏録先世名臣、元功、大勛之子孫，隨才叙用。

[1]徐韶：中華本校勘記："《三國志》無'徐韶'。《魏志·陳留王紀》《吴志·孫皓傳》有'徐紹'，係'吴壽春降將'，《通鑑》七八同。本卷下文又作'劭'，'韶''紹''劭'當是一人。"

[2]就令亡還：即使他們跑回去。就令，即使。

[3]三河：河南、河内、河東三郡的合稱，相當今河南省伊河、洛河流域與黄河以北及山西南部一帶。

[4]并州：治所在晋陽縣（今山西省太原市西南）。　太原：

郡名，治所在晋陽縣（今山西省太原市西南）。　上黨：郡名，治所在潞縣（今山西省黎城縣南）。　西河：郡國名，治所在離石縣（今山西省吕梁市離石區）。　樂平：郡名，治所在沾縣（今山西省昔陽縣西南）。　新興：郡名，治所在九原縣（今山西省忻州市）。　雁門：郡名，治所在廣武縣（今山西省代縣西南）。

[5]司州：司隸校尉部，治所在洛陽縣（今河南省洛陽市東北）。　河東：郡名，治所在安邑縣（今山西省夏縣西北禹王城）。　平陽：郡名，治所在平陽縣（今山西省臨汾市西南）。

四年夏六月，分荆州置二都督，王基鎮新野，[1]州泰鎮襄陽。使石苞都督揚州，陳騫都督豫州，[2]鍾毓都督徐州，[3]宋鈞監青州諸軍事。[4]

[1]新野：縣名，治所在今河南省新野縣。

[2]陳騫：《世説新語・方正》注引《晋陽秋》："騫字休淵。"本書卷三五有傳。

[3]鍾毓：三國時潁川長社（今河南省長葛市東）人，鍾會之兄，歷任魏郡太守、廷尉、後將軍等職。

[4]監青州諸軍事：青州地區的軍政長官，位次於都督。

景元元年夏四月，天子復命帝爵秩如前，又讓不受。天子既以帝三世宰輔，政非己出，情不能安，又慮廢辱，將臨軒召百寮而行放黜。

五月戊子夜，使冗從僕射李昭等發甲於陵雲臺，[1]召侍中王沉、散騎常侍王業、尚書王經，[2]出懷中黄素詔示之，戒嚴俟旦。沉、業馳告于帝，帝召護軍賈充等爲之備。[3]天子知事泄，帥左右攻相府，稱有所討，敢有動者族誅。相府兵將止不敢戰，賈充叱諸將曰：“公畜養汝輩，正爲今日耳！”太子舍人成濟抽戈犯蹕，[4]刺之，刃出於背，天子崩于車中。

[1]宂：原本、宋本作“穴”，殿本作“宂”，據殿本改。　陵雲臺：即凌雲臺，三國魏黄初二年（221）築。司馬師廢曹芳的理由之一就是他在陵雲臺曲中施帷，見九親婦女。曹髦也曾將宂從僕射李昭、黄門從官焦伯等下陵雲臺，鎧仗授兵，欲因際會，自出討司馬昭。位於今河南省洛陽市東北漢魏洛陽城内。

[2]王沉：西晋晋陽（今山西省太原市西南）人，字處道，本書卷三九有傳。　王業：武陵（今湖南省常德市）人，後爲晋中護軍。　王經：三國時清河（今山東省臨清市東北）人，字彦緯，初爲江夏太守。因高貴鄉公事被殺。

[3]護軍賈充：中華本校勘記：“賈充官銜，本書《武紀》、充本傳，《魏志·高貴鄉公紀》注引《漢晋春秋》、《賈逵傳》、《鍾會傳》並《通鑑》七八皆作‘中護軍’。此疑脱‘中’字，下同。”賈充，字公閭，本書卷四〇有傳。

[4]太子舍人：官名，掌行書令、表啓等。初隸太子太傅、太子少傅，後隸太子詹事。晋七品。　成濟：三國時人，任曹魏太子舍人。　犯蹕：冲犯皇帝車駕。

帝召百寮謀其故，僕射陳泰不至。帝遣其舅荀顗輿致之，[1]延于曲室，謂曰：“玄伯，天下其如我何？”泰曰：“惟腰斬賈充，微以謝天下。”[2]帝曰：“卿更思其次。”泰曰：“但見其上，不見其次。”於是歸罪成濟而斬之。太后令曰：“昔漢昌邑王以罪廢爲庶人，[3]此兒亦宜以庶人禮葬之，使外内咸知其所行也。殺尚書王經，貳於我也。”[4]

[1]荀顗：字景倩，本書卷三九有傳。

[2]謝天下：向天下人謝罪。

[3]昌邑王：即劉賀，漢武帝孫，襲父爵爲昌邑王。昭帝死後被霍光立爲帝，旋即廢黜，宣帝時封爲海昏侯。

[4]殺尚書王經，貳於我也：按，此語是魏明元郭太后下詔痛斥曹髦忤逆不孝，废其爲庶人之後説的話。意思是：王經不忠於我，殺之。應放在引號内。中華本此處將本句置於引號外，誤。貳於我，對我有二心。

戊申，[1]帝奏曰：“故高貴鄉公帥從駕人兵，拔刃鳴鼓向臣所，臣懼兵刃相接，即敕將士不得有所傷害，違令者以軍法從事。騎督成倅弟太子舍人濟入兵陣，[2]傷公至隕。臣聞人臣之節，有死無貳，事上之義，不敢逃難。前者變故卒至，禍同發機，誠欲委身守死，惟命所裁。然惟本謀，乃欲上危皇太后，傾覆宗廟。臣忝當元輔，義在安國，即駱驛申敕，不得迫近輿輦，而濟妄入陣間，以致大變。哀怛痛恨，[3]五内摧裂。濟干國亂紀，罪不容誅，輒收濟家屬，付廷尉。”太后從之，夷濟三族。與公卿議，立燕王宇之子常道鄉公璜爲帝。[4]

[1]戊申：原本、宋本、殿本作“庚寅”，據中華本校勘記改。

[2]騎督：官名，軍中統率騎兵的中級軍官。晋五品。

[3]哀怛：悲傷，悲苦。

[4]燕王宇：即曹宇，字彭祖，曹操環夫人所生，黄初二年（221），進爵爲公。三年，爲下邳王。太和六年（232），改封燕

王。明帝疾篤，拜爲大將軍，屬以後事。四天後明帝意變，遂免官。　常道鄉公：即曹奐，原名璜。曹魏皇帝，公元 260 年即位，264 年被廢爲陳留王。

六月，改元。丙辰，[1]天子進帝爲相國，封晉公，增十郡，加九錫如初，群從子弟未侯者封亭侯，賜錢千萬，帛萬匹。固讓，乃止。

[1]丙辰：原本、宋本、殿本作“景辰”。“景”爲“丙”的避諱字，以後本卷凡此避諱字均徑改，不再出注。

冬十一月，吴吉陽督蕭慎以書詣鎮東將軍石苞僞降，[1]求迎。帝知其詐也，使苞外示迎之，而内爲之備。

[1]吉陽：縣名，治所在今江西省吉水縣東。

二年秋八月甲寅，[1]天子使太尉高柔授帝相國印綬，[2]司空鄭冲致晉公茅土九錫，[3]固辭。

[1]八月甲寅：中華本校勘記：“八月丙子朔，無甲寅。”

[2]太尉：官名，曹操爲丞相後，太尉府屬官歸相府，晉時太尉雖爲八公之一、三公之首，實爲名譽宰相，多爲大臣加官。晉一品。　高柔：三國時陳留圉縣（今河南省杞縣西南圉鎮）人，字文惠。初附袁紹，後歸曹操，歷任丞相倉曹屬、丞相理曹掾、治書侍御史，官至太尉。

[3]司空：官名，魏晉南北朝爲名譽宰相，多爲大臣加官。晉八公之一，位在三公之末。晉一品。　鄭冲：字文和，本書卷三三

有傳。

三年夏四月，肅慎來獻楛矢、石砮、弓甲、貂皮等，[1]天子命歸於大將軍府。

[1]肅慎：古族名，亦作息慎、稷慎，分佈在今長白山北，東濱日本海，西近嫩江，北達黑龍江以北的廣大地區。 楛（kǔ）矢：以楛木做杆的箭。 石砮：石制的箭頭。《國語·魯語下》："仲尼在陳，有隼集於陳侯之庭而死，楛矢貫之，石砮，其長尺有咫。" 韋昭注："砮，鏃也，以石爲之。"

四年春二月丁丑，天子復命帝如前，又固辭。[1]

[1]又固辭：辭，殿本作"讓"。

三月，詔大將軍府增置司馬一人，從事中郎二人，舍人十人。

夏，帝將伐蜀，乃謀衆曰："自定壽春已來，息役六年，治兵繕甲，以擬二虜。[1]略計取吴，作戰船，通水道，當用千餘萬功，此十萬人百數十日事也。又南土下濕，必生疾疫。今宜先取蜀，三年之後，因巴蜀順流之勢，水陸並進，此滅虞定虢，[2]吞韓并魏之勢也。[3]計蜀戰士九萬，居守成都及備他境不下四萬，[4]然則餘衆不過五萬。今絆姜維於沓中，[5]使不得東顧，直指駱谷，出其空虚之地，以襲漢中。彼若嬰城守險，兵勢必散，首尾離絶。舉大衆以屠城，散鋭卒以略野，劍閣不暇守險，[6]關頭不能自存。[7]以劉禪之暗，而邊城外破，士女内震，其亡可知也。”征西將軍鄧艾以爲未有釁，屢陳異議。帝患之，使主簿師纂爲艾司馬以喻之，[8]艾乃奉命。於是徵四方之兵十八萬，使鄧艾自狄道攻姜維於沓中，雍州刺史諸葛緒自祁山軍于武街，[9]絶維歸路，鎮西將軍鍾會帥前將軍李輔、征蜀護軍胡烈等自駱谷襲漢中。[10]

[1]擬：指向，針對。

[2]滅虞定虢：虞，周武王時分封的諸侯國。開國君主是古公亶父的後代。國在夏虚，治所在今山西省平陸縣北。公元前655年被晋國所滅。虢，周初封國，姬姓。東虢國在今河南省滎陽市東北，公元前767年被鄭武公所滅。西虢國在今陝西省寶鷄市西，後爲秦所滅。北虢國在今河南省三門峽市及山西省平陸縣一帶，後爲晋國所滅。此處定虢，即指北虢國。

[3]吞韓并魏：韓，戰國七雄之一，開國君主爲韓景侯虔。國都陽翟（今河南省新鄭市），最盛時疆域有今河南省中部及陝西東南部。公元前230年被秦所滅。魏，戰國七雄之一，國都原在安邑（今山西省夏縣西北），後遷至大梁（今河南省開封市），其疆土最盛時具有今山西南部、河南北部，西至今陝西東部，東北有今河北省大名縣、廣平縣和山東省冠縣等地。公元前225年被秦所滅。

[4]他境：境，殿本作“郡”。

[5]沓中：地名，在今甘肅省舟曲縣以西、岷縣西南一帶。

[6]劍閣：即劍門關，位於今四川省劍閣縣東北。

[7]關頭：一名白水關。位於今陝西省寧强縣西南。

[8]主簿：官名，丞相府屬官，典領文書籍簿，省録衆事，職權甚重。　師纂：鄧艾入成都後，師纂領益州刺史，與鍾會、胡烈等人陷害鄧艾。《世語》記載：“師纂亦與艾俱死。纂性急少恩，死

之日體無完皮。”

[9]武街：即武街城，位於今甘肅省成縣西北。

[10]前將軍：官名，漢代重號將軍之一，與左、右、後將軍並爲上卿。魏晋時常設，權位較兩漢時漸低，僅爲武官名號，略高於一般雜號將軍，不典禁兵，不與朝政。晋三品。　李輔：本爲孟達部將，司馬懿征孟達，李輔開門迎降。　征蜀護軍：官名，三國魏置，爲征蜀而設的雜號將軍。魏晋時常隨征伐目的，置諸雜號護軍，如征蜀護軍、平虜護軍、揚威護軍等，職如將軍，而地位稍遜同號將軍，資歷稍淺之統帥常授此。　胡烈：三國時安定臨涇（今甘肅省鎮原縣東南）人，胡遵之子。

秋八月，軍發洛陽，大賚將士，陳師誓衆。將軍鄧敦謂蜀未可討，帝斬以徇。

九月，又使天水太守王頎攻維營，[1]隴西太守牽弘邀其前，[2]金城太守楊欣趣甘松。[3]鍾會分爲二隊，入自斜谷，[4]使李輔圍王含於樂城，[5]又使部將易愷攻蔣斌於漢城。[6]會直指陽安，[7]護軍胡烈攻陷關城。[8]姜維聞之，引還，王頎追敗維於强川。[9]維與張翼、廖化合軍守劍閣，鍾會攻之。

[1]天水：郡名，東漢、三國魏治所在冀縣（今甘肅省甘谷縣東南），西晋治所在上邽縣（今甘肅省天水市）。　太守：太，殿本作“大”。

[2]隴西：郡名，治所原在狄道縣（今甘肅省臨洮縣），曹魏時徙治襄武縣（今甘肅省隴西縣東南）。

[3]金城：郡名，治所原在允吾縣（今甘肅省永靖縣西北），曹魏時移治榆中縣（今甘肅省榆中縣西北黄河南岸）。　甘松：地

名，在今甘肅省迭部縣一帶。

[4]斜谷：即斜谷道，位於今陝西省眉縣西南，即褒斜道北段。

[5]樂城：位於今陝西省城固縣東，當時爲蜀漢成固縣治所。

[6]部將：部，殿本作“步”。　漢城：位於今陝西省勉縣東。

[7]陽安：即陽安關，又稱陽平關，位於今陝西省勉縣西。

[8]護軍：官名，此爲中護軍。掌武官選舉，與中領軍同掌禁軍。曹魏四品，晋三品。　關城：又名陽平關，俗名張魯城，即今陝西省寧强縣西北陽平關。

[9]强川：今四川、甘肅境内嘉陵江支流白龍江。

冬十月，天子以諸侯獻捷交至，乃申前命曰：

朕以寡德，獲承天序，嗣我祖宗之洪烈。遭家多難，不明于訓。曩者奸逆屢興，[1]方寇内侮，大懼淪喪四海，以隳三祖之弘業。[2]

[1]曩（nǎng）：先前，往昔。

[2]以隳（huī）三祖之弘業：隳，毁壞，廢棄。《吕氏春秋》卷一四《孝行覽·必己》：“合則離，愛則隳。”殿本作“墮”。

惟公經德履哲，明允廣深，迪宣武文，世作保傅，以輔乂皇家。櫛風沐雨，周旋征伐，劬勞王室，[1]二十有餘載。毗翼前人，仍斷大政，[2]克厭不端，維安社稷。暨儉、欽之亂，公綏援有衆，分命興師，統紀有方，用緝寧淮浦。[3]其後巴蜀屢侵，西土不靖，公奇畫指授，制勝千里。是以段谷之戰，乘釁大捷，斬將搴旗，效首萬計。孫峻猾夏，[4]致寇徐方，戎車首路，威靈先邁，黄鉞未啓，鯨鯢竄迹。[5]孫壹搆隙，自相疑阻。幽鑒遠照，奇策洞微，遠人歸命，作藩南夏，爰授鋭卒，畢力戎行。暨諸葛誕滔天作逆，稱兵揚楚，欽、咨逋罪，[6]同惡相濟，帥其螽賊，以入壽春，憑阻淮山，敢距王命。公躬擐甲胄，龔行天罰，玄謀廟算，遵養時晦。奇兵震擊，而朱異摧破；神變應機，而全琮稽服；取亂攻昧，而高墉不守。兼九伐之弘略，[7]究五兵之正度。[8]用能戰不窮武，而大敵殲潰；旗不再麾，而元憝授首。[9]收勍吴之雋臣，係亡命之逋虜。交臂屈膝，委命下吏，俘馘十萬，積尸成京。雪宗廟之滯耻，拯兆庶之艱難。掃平區域，信威吴會，遂戢干戈，靖我疆土，天地鬼神，罔不獲乂。[10]乃者王室之難，變起蕭墻，賴公之靈，弘濟艱險。宗廟危而獲安，社稷墜而復寧。忠格皇天，功濟六合。是用疇咨古訓，稽諸典籍，命公崇位相國，加于群后，啓土參墟，封以晋域。所以方軌齊魯，翰屏帝室。而公遠蹈謙損，深履冲讓，固辭策命，至于八九。朕重違讓德，抑禮虧制，以彰公志，于今四載，上闕在昔建侯之典，下違兆庶具瞻之望。[11]

[1]劬勞王室：爲國家辛苦勞累。

[2]仍斷大政：仍，殿本作“乃”。

[3]用緝寧淮浦：因此使淮浦地區得到安定。用，因此。

[4]孫峻：三國時吴郡富春（今浙江省杭州市富陽區）人，字子遠，孫堅弟孫静之曾孫。任武衛都尉、侍中。孫權卒後受遺詔輔

政。歷任丞相、大將軍、都督中外諸軍事等職。　猾夏：擾亂中華；侵犯華夏。《尚書·舜典》："蠻夷猾夏。"孔安國傳："猾，亂也。夏，華夏。"

[5]鯨鯢：指凶惡的敵人。

[6]逋罪：逃亡的罪人。

[7]九伐：泛指征伐。

[8]究五兵之正度：深知指揮軍隊的正當法度。五兵：指軍隊。

[9]元憝：首惡，元凶。

[10]罔不獲乂：没有得不到治理的。

[11]具瞻：《詩·小雅·節南山》："赫赫師尹，民具爾瞻。"毛亨傳："師，太師，周之三公也。尹，尹氏，爲太師。"

惟公嚴虔王度，[1]闡濟大猷，[2]敦尚純樸，省繇節用，務穡勸分，九野康乂。[3]耆叟荷崇養之德，鰥寡蒙矜恤之施，仁風興於中夏，流澤布於遐荒。是以東夷西戎，南蠻北狄，狂狡貪悍，世爲寇仇者，皆感義懷惠，款塞内附，或委命納貢，或求置官司。九服之外，[4]絶域之氓，[5]曠世所希至者，咸浮海來享，鼓舞王德，前後至者八百七十餘萬口。海隅幽裔，無思不服；雖西旅遠貢，越裳九譯，[6]義無以逾。維翼朕躬，下匡萬國，思靖殊方，寧濟八極。以庸蜀未賓，蠻荆作猾，潛謀獨斷，整軍經武。簡練將帥，授以成策，始踐賊境，應時摧陷。狂狡奔北，首尾震潰，禽其戎帥，屠其城邑。巴漢震疊，[7]江源雲徹，[8]地平天成，誠在斯舉。公有濟六合之勛，加以茂德，實總百揆，允釐庶政。[9]敦五品以崇仁，[10]恢六典以敷訓。[11]而靖恭夙夜，勞謙昧旦，[12]雖尚父之左右文武，[13]周公之勤勞王家，罔以加焉。

[1]嚴虔王度：嚴格而恭敬地遵守王法。

[2]闡濟大猷：爲國家創立完成治國大道。大猷，治國大道。《詩·小雅·巧言》："奕奕寢廟，君子作之；秩秩大猷，聖人莫之。"鄭玄箋："猷，道也；大道，治國之禮法。"

[3]九野康乂：全國得到安治。九野，九州，指全國。康乂，安治。《尚書·康誥》："若保赤子，惟民其康乂。"孔穎达疏："《釋詁》云：康，安也；乂，治也。"

[4]九服：王畿以外的九等地區。《周禮·夏官·職方氏》："乃辨九服之邦國：方千里曰王畿，其外方五百里曰侯服，又其外方五百里曰甸服，又其外方五百里曰男服，又其外方五百里曰采服，又其外方五百里曰衛服，又其外方五百里曰蠻服，又其外方五百里曰夷服，又其外方五百里曰鎮服，又其外方五百里曰藩服。"

[5]絶域之氓：極遠地方的百姓。絶，遼遠。氓，同民。

[6]越裳：古南海國名。又作越嘗。《論衡·恢國》："成王之時，越常獻雉。"《漢書》卷六四《賈捐之傳》顔師古注引此作"越嘗"。《後漢書》卷八六《南蠻西南夷列傳》："交趾之南有越裳國。周公居攝六年，制禮作樂，天下和平，越裳以三象重譯而獻白雉。"

[7]震疊：震動，驚恐。

[8]徹：同"澈"，清澄。

[9]允釐庶政：允釐，謂治理得當。《尚書·堯典》："允釐百工，庶績咸熙。"孔安國傳："允，信；釐，治。"

[10]五品：仁義禮智信五常。

[11]六典：周代治國六法。《周禮·天官·大宰》："大宰之職，掌建邦之六典，以佐王治邦國：一曰治典，以經邦國，以治官府，

以紀萬民；二曰教典，以安邦國，以教官府，以擾萬民；三曰禮典，以和邦國，以統百官，以諧萬民；四曰政典，以平邦國，以正百官，以均萬民；五曰刑典，以詰邦國，以刑百官，以糾萬民；六曰事典，以富邦國，以任百官，以生萬民。”

[12]昧旦：天將明未明時。

[13]尚父：又稱太公望、吕望、吕尚。西周開國大臣，姜姓，吕氏，字子牙。助文王興國，佐武王滅商。

昔先王選建明德，[1]光啓諸侯，體國經野，方制五等。所以藩翼王畿，垂祚百世也。故齊魯之封，於周爲弘，山川土田，邦畿七百，官司典策，制殊群后。惠、襄之難，[2]桓、文以翼戴之勞，猶受錫命之禮，咸用光疇大德，[3]作範于後。惟公功邁於前烈，而賞闕於舊式，百辟於邑，[4]人神同恨焉，豈可以公謙冲而久淹弘典哉？今以并州之太原、上黨、西河、樂平、新興、雁門，司州之河東、平陽、弘農，[5]雍州之馮翊凡十郡，[6]南至于華，[7]北至于陘，[8]東至于壺口，西逾于河，提封之數，方七百里，皆晋之故壤，唐叔受之，[9]世作盟主，實紀綱諸夏，用率舊職。爰胙兹土，封公爲晋公。命使持節、兼司徒、司隸校尉陔即授印綬策書，[10]金獸符第一至第五，竹使符第一至第十。[11]錫兹玄土，苴以白茅，建爾國家，以永藩魏室。

[1]昔先王選建明德：原本、宋本作“昔宣王選建德”，殿本作“昔先王選建明德”，據殿本改。

[2]惠、襄之難：周惠王死後，周室因王子帶争王位而起内亂，

齊桓公率諸侯會盟於洮（今山東省鄄城縣西南），尊周鄭爲王，即周襄王。王子帶不甘心失敗，多次引導西戎兵攻打周室，公元前636年終於攻占王城（今河南省洛陽市），襄王倉皇出逃。後晋文公率兵勤王，討伐王子帶，護送周襄王回王城，安定周王室。

[3]咸用光疇大德：全都因此使大德世代傳續。

[4]於邑：鬱悶，傷心。

[5]弘農：郡名，治所在弘農縣（今河南省靈寶市）。

[6]馮翊：郡名，三國魏以左馮翊改置，治所在臨晋縣（今陝西省大荔縣）。

[7]華：華山。

[8]陘：地名，戰國韓地，在今山西省曲沃縣境。

[9]唐叔：又稱唐叔虞，西周諸侯，姬姓，名虞，周武王之子，成王之弟。受封於唐（今山西省翼城縣西），晋國之始祖。

[10]使持節：漢朝官吏奉使外出時，或由皇帝授予節杖，以提高其權力。魏晋以後，凡重要軍事長官出征或出鎮，加使持節，可誅殺二千石以下官員。　司徒：官名，西漢哀帝元壽二年（前1）改丞相爲大司徒，東漢光武帝時改名爲司徒，東漢末又改爲丞相。三國魏恢復三公制，改丞相爲司徒，管理民政。兩晋沿制，爲八公之一，在太尉之下、司空之上。與丞相通職，一般不並置，爲名譽宰相。一品。此時封司馬昭爲相國，以示尊崇。《三國志》卷四《魏書·三少帝紀》裴松之注引《漢晋春秋》："晋公既進爵爲王，太尉王祥、司徒何曾、司空荀顗並詣王。顗曰：'相王尊重，何侯與一朝之臣皆已盡敬，今日便當相率而拜，無所疑也。'祥曰：'相國位勢，誠爲尊貴，然要是魏之宰相，吾等魏之三公；公、王相去，一階而已，班列大同，安有天子三公可輒拜人者！損魏朝之望，虧晋王之德，君子愛人以禮，吾不爲也。'及入，顗遂拜，而祥獨長揖。"可見相國與司徒職雖同位却尊。　司隸校尉：官名，三國魏時先治弘農，後治河南，轄司州所屬河南、河東、河內、弘農、平陽五郡。掌監察京師、糾察京都百官。西晋沿置。晋三品。

陔：即武陔，字元夏，本書卷四五有傳。

[11]竹使符：漢時竹製的信符。右留京師，左與郡國。凡發兵用銅虎符，其餘徵調用竹使符。《漢書·文帝紀》："初與郡守爲銅虎符、竹使符。"顔師古注引應劭曰："竹使符皆以竹箭五枚，長五寸，鎸刻篆書，第一至第五。" 第一至第十：一，原本、宋本作"七"，殿本作"一"，據殿本改。

昔在周、召，並以公侯，入作保傅。其在近代，酇侯蕭何，實以相國，光尹漢朝。隨時之制，禮亦宜之。今進公位爲相國，加緑綟綬。[1]又加公九錫，其敬聽後命。以公思弘大猷，崇正典禮，儀刑作範，旁訓四方，是用錫公大輅、戎輅各一，[2]玄牡二駟。[3]公道和陰陽，敬授人時，嗇夫反本，農殖維豐，是用錫公衮冕之服，[4]赤舄副焉。[5]公光敷顯德，惠下以和，敬信思順，庶尹允諧，是用錫公軒懸之樂、六佾之舞。[6]公鎮靖宇宙，翼播聲教，海外懷服，荒裔款附，殊方馳義，諸夏順軌，是用錫公朱户以居。[7]公簡賢料材，營求俊逸，爰升多士，寘彼周行，[8]是用錫公納陛以登。公嚴恭寅畏，厎平四國，[9]式遏寇虐，苛慝不作，是用錫公武賁之士三百人。公明慎用刑，簡恤大中，章厥天威，[10]以糾不虔，[11]是用錫公鈇鉞各一。公爰整六軍，典司征伐，犯命陵正，[12]乃維誅殛，是用錫公彤弓一、彤矢百，[13]旅弓十、旅矢千。[14]公饗祀蒸蒸，孝思維則，篤誠之至，通于神明，是用錫公秬鬯一卣，[15]珪瓚副焉。[16]晋國置官司以下，率由舊式。

[1]緑綟綬：一种黑黄而近緑色的絲帶。古代丞相以上官吏用作印綬。《東觀漢記·百官表》："印綬：漢制，公侯紫綬，九卿青綬。建武元年，復設諸侯王金璽綟綬。"

[2]大輅：玉輅。古時天子所乘之車。《尚書·顧命》："大輅在賓階面。"孔安國傳："大輅，玉。"孔穎達疏："《周禮》巾車'掌王之五輅'，玉輅、金輅、象輅、革輅、木輅，是爲五輅也。此經所陳四輅必是《周禮》五輅之四。'大輅'，輅之最大，故知大輅玉輅也。"　戎輅：兵車。

[3]玄牡：黑色公馬。

[4]衮冕：古代帝王及上公穿的繪有卷龍的禮服。《周禮·春官·司服》："享先王則衮冕。"鄭玄注引鄭司農曰："衮，卷龍衣也。"

[5]赤舄（xì）：紅色鞋子。

[6]軒懸：古代諸侯陳列樂器三面懸挂。《周禮·春官·小胥》："正樂縣之位，王宫縣，諸侯軒縣。"鄭玄注："鄭司農云'宫縣四面縣，軒縣去其一面，判縣又去其一面，特縣又去其一面。四面象宫室四面有墻，故謂之宫縣。軒縣三面，其形曲，故《春秋傳》曰"請曲縣繁纓以朝"，諸侯禮也。故曰惟器與名不可以假人。'玄謂軒縣去南面辟王也。"　六佾：周諸侯所用樂舞之格局：六列，每列六人，共三十六人。

[7]朱户：紅色的門。

[8]寘彼周行：《詩·周南·卷耳》："采采卷耳，不盈頃筐。嗟我懷人，置彼周行。"孔穎達疏："此采菜之人憂念之深矣，以興后妃志在輔佐君子，欲其官賢賞勞，朝夕思念，至於憂勤。其憂思深遠，亦如采菜之人也。此后妃之憂爲何事，言后妃嗟呼而嘆，我思君子官賢人，欲令君子置此賢人於彼周之列位，以爲朝廷臣也。"

[9]厎（dǐ）平：平定，平復。厎，殿本作“底”。

[10]章厥天威：彰顯天威。

[11]不虔：不敬。

[12]犯命陵正：陵，殿本作“淩”。

[13]彤弓：朱漆弓。　彤矢：朱漆箭。

[14]玈弓：黑弓。《左傳·僖公二十八年》：“策命晋侯爲侯伯，賜之大輅之服、戎輅之服、彤弓一、彤矢百、玈弓矢千。”杜預注：“玈，黑弓。”　玈矢：黑箭。

[15]秬（jù）鬯（chàng）一卣：秬鬯，古代以黑黍和郁金香草釀造的酒，用於祭祀降神及賞賜有功的諸侯。卣，中型酒尊。

[16]珪瓚：玉柄的酒器。

往欽哉！[1]祗服朕命，弘敷訓典，光澤庶方，永終爾明德，丕顯余一人之休命。　公卿將校皆詣府喻旨，帝以禮辭讓。

[1]往欽哉：去謹慎地做你的工作吧！《尚書·堯典》：“帝曰：往，欽哉！”孔安國傳：“敕鯀往治水，命使敬其事。”

司空鄭冲率群官勸進曰：“伏見嘉命顯至，竊聞明公固讓，冲等眷眷，實有愚心。以爲聖王作制，百代同風，褒德賞功，有自來矣。昔伊尹，有莘氏之媵臣耳，[1]一佐成湯，遂荷阿衡之號。[2]周公藉已成之勢，據既安之業，光宅曲阜，奄有龜蒙。[3]吕尚，磻溪之漁者也，[4]一朝指麾，乃封營丘。[5]自是以來，功薄而賞厚者，不可勝數，然賢哲之士，猶以爲美談。況自先相國以來，世有明德，翼輔魏室，以綏天下，朝無秕政，[6]

人無謗言。前者明公西征靈州，北臨沙漠，榆中以西，[7]望風震服，羌戎來馳，回首内向，東誅叛逆，全軍獨克。禽闔閭之將，[8]虜輕鋭之卒以萬萬計，威加南海，名懾三越，宇内康寧，苛慝不作。[9]是以時俗畏懷，東夷獻舞。故聖上覽乃昔以來禮典舊章，開國光宅，顯兹太原。明公宜承奉聖旨，受兹介福，[10]允當天人。元功盛勛，光光如彼；國土嘉祚，巍巍如此。内外協同，靡愆靡違。由斯征伐，則可朝服濟江，掃除吴會，西塞江源，望祀岷山。[11]回戈弭節，以麾天下，遠無不服，邇無不肅。令大魏之德，光于唐虞；明公盛勛，超於桓、文。[12]然後臨滄海而謝文伯，[13]登箕山而揖許由，[14]豈不盛乎！至公至平，誰與爲鄰，何必勤勤小讓也哉。”帝乃受命。

[1]有莘氏之媵（yìng）臣：《史記》卷三《殷本紀》：“伊尹名阿衡。阿衡欲干湯而無由，乃爲有莘氏媵臣，負鼎俎，以滋味説湯，致於王道。”媵臣，古代隨嫁的臣仆。

[2]阿衡：《史記》卷三《殷本紀》：“伊尹名阿衡。”司馬貞索隱：“《孫子兵書》：‘伊尹名摯。’孔安國亦曰‘伊摯’。然解者以阿衡爲官名。按：阿，倚也，衡，平也。言依倚而取平。《書》曰‘惟嗣王弗惠于阿衡’，亦曰保衡，皆伊尹之官號，非名也。”

[3]龜蒙：龜山和蒙山。均位於今山東省境内。二山連續，長約八十餘里，其西北一段名龜山，東南名蒙山。

[4]磻溪：一名璜河。位於今陝西省寶鷄市東南，源出秦嶺兹谷，北流入渭河。

[5]營丘：地名，在今山東省淄博市臨淄區北（一説在今山東省昌樂縣東南，漢爲營陵縣治），周武王封吕尚於齊，建都於此。

[6]秕政：不良的政治措施。

[7]榆中：縣名，治所在今甘肅省榆中縣西北。

[8]闔閭：春秋末吴國君，名光。得伍子胥之助，用專諸刺殺吴王僚後自立爲王。任用伍子胥、孫武等人，富國强兵，曾一度攻破楚國郢都。在攻打越國戰争中兵敗傷重而死。

[9]苛慝不作：暴虐邪惡不發生。

[10]介福：大福。

[11]岷山：一作汶山，位於今四川省松潘縣北。

[12]桓：齊桓公，春秋時齊國國君，名小白。即位後任用管仲，改革内政，國勢强盛。奉行尊王攘夷政策，因九合諸侯而成爲春秋五霸之首。　文：晋文公，春秋時晋國國君，名重耳。爲公子時，因獻公欲立寵妾之子奚齊而遭迫害，流亡於外十九年。後由秦軍護送返晋登位。在位期間改革内政，擴建軍隊，幫助周王室平叛，大敗楚軍於城濮，主持踐土之盟，成爲齊桓公之後的又一霸主。

[13]文伯：文章宗伯。對著名作家的敬稱。此指“東臨碣石，以觀滄海”的曹操。文，殿本作“支”。

[14]許由：古代著名隱士，隱於沛澤。堯聞其賢，欲讓之以天下，許由不受而逃於潁水之陽箕山之下。

十一月，鄧艾帥萬餘人自陰平逾絶險至江由，[1]破蜀將諸葛瞻於綿竹，[2]斬瞻，傳首。進軍雒縣，[3]劉禪降。天子命晋公以相國總百揆，於是上節傳，去侍中、大都督、録尚書之號焉。表鄧艾爲太尉，鍾會爲司徒。會潛謀叛逆，因密使譖艾。

[1]江由：即江油戍、江油關，位於今四川省平武縣南壩鎮。

[2]綿竹：縣名，治所在今四川省德陽市北。

[3]雒縣：治所在今四川省廣漢市北。

咸熙元年春正月，檻車徵艾。乙丑，帝奉天子西征，次于長安。是時魏諸王侯悉在鄴城，[1]命從事中郎山濤行軍司事，[2]鎮於鄴，遣護軍賈充持節、督諸軍，[3]據漢中。鍾會遂反於蜀，監軍衛瓘、右將軍胡烈攻會，[4]斬之。

[1]鄴城：位於今河北省臨漳縣西南，曾是曹魏五都之一。

[2]從事中郎山濤行軍司事：山濤以從事中郎身份代理軍司事務。從事中郎，官名，東漢時爲大將軍屬官，地位較高。魏晋時爲將軍府或公府屬官。晋六品。山濤，字巨源，本書卷四三有傳。軍司，官名，即軍師，因避司馬師諱，故改。爲軍府主要屬僚，佐主帥統軍隊，負有匡正監察主帥之責，地位很高，常繼任主帥。

[3]督諸軍：即都督諸軍事。

[4]衛瓘：字伯玉，本書卷三六有傳。　右將軍：官名，漢代重號將軍之一，與前、左、後將軍並爲上卿。魏晋時常設，權位漸低，僅爲武官名號，略高於一般雜號將軍。晋三品。

初，會之伐蜀也，西曹屬邵悌言於帝曰：[1]“鍾會難信，不可令行。”帝笑曰：“取蜀如指掌，而衆人皆言不可，唯會與吾意同。滅蜀之後，中國將士，人自思歸，蜀之遺黎，猶懷震恐，縱有異志，無能爲也。”卒如所量。丙辰，[2]帝至自長安。

[1]西曹屬：官名，丞相府西曹次官，如果西曹掾闕則爲西曹長官。

[2]丙辰：丙，原本作“景”，景爲丙的避諱字，本卷以下凡遇此字徑改，不再出注。中華本校勘記：“正月壬戌朔，無丙辰。《通鑑》七八作二月丙辰。”

三月己卯，進帝爵爲王，增封并前二十郡。夏五月癸未，天子追加舞陽宣文侯爲晋宣王，[1]舞陽忠武侯爲晋景王。[2]秋七月，帝奏司空荀顗定禮儀，中護軍賈充正法律，尚書僕射裴秀議官制，[3]太保鄭沖總而裁焉。[4]始建五等爵。[5]冬十月丁亥，奏遣吴人相國參軍徐劭、散騎常侍水曹屬孫彧使吴，[6]喻孫皓以平蜀之事，[7]致馬錦等物，以示威懷。丙午，天子命中撫軍新昌鄉侯炎爲晋世子。[8]

[1]舞陽宣文侯：即司馬懿。

[2]舞陽忠武侯：即司馬師。

[3]裴秀：字季彦，本書卷三五有傳。　尚書僕射：官名，秦漢爲尚書令副貳，東漢建安四年（199）分置左、右，爲尚書省次官。晋三品。

[4]太保：官名，史上屢次廢置，三國魏末年復置。晋爲八公之一，位上公，在太宰、太傅之下。安置元老重臣，無職掌。晋一品。

[5]五等爵：公、侯、伯、子、男五等封爵。本書卷一四《地理志上》：“晋文帝爲晋王，命裴秀等建立五等之制，惟安平郡公孚邑萬户，制度如魏諸王。其餘縣公邑千八百户，地方七十五里；大國侯邑千六百户，地方七十里；次國侯邑千四百户，地方六十五里；大國伯邑千二百户，地方六十里；次國伯邑千户，地方五十五里；大國子邑八百户，地方五十里；次國子邑六百户，地方四十五里；男邑四百户，地方四十里。”公爵分郡公和縣公；侯爵分爲大

國侯和次國侯；伯爵分爲大國伯和次國伯；子爵分爲大國子和次國子；男爵不分，衹一等。

[6]相國參軍徐劭、散騎常侍水曹屬孫彧：中華本校勘記："'徐劭'異文已見前條。'孫彧'，本書《孫楚傳》作'孫郁'。又《魏志·陳留王紀》以紹兼散騎常侍，彧兼給事黃門侍郎，官名亦不合。"

[7]孫皓：三國孫吳末代皇帝，字元宗，一名彭祖，字皓宗。天紀四年（280）吳滅降晋，賜號歸命侯。

[8]中撫軍：官名，三國末置，副貳相國事，掌握朝政大權。新昌鄉侯炎：即晋武帝司馬炎。

二年春二月甲辰，朐䏰縣獻靈龜，[1]歸於相府。夏四月，孫皓使紀陟來聘，且獻方物。五月，天子命帝冕十有二旒，[2]建天子旌旗，出警入蹕，乘金根車，[3]駕六馬，備五時副車，置旄頭雲罕，[4]樂舞八佾，[5]設鍾虡宫懸，[6]位在燕王上。進王妃爲王后，世子爲太子，王女王孫爵命之號皆如帝者之儀。諸禁網煩苛及法式不便於時者，帝皆奏除之。晋國置御史大夫、侍中、常侍、尚書、中領軍、衛將軍官。秋八月辛卯，帝崩于露寢，[7]時年五十五。九月癸酉，葬崇陽陵，謚曰文王。武帝受禪，追尊號曰文皇帝，廟稱太祖。

[1]朐䏰：縣名，治所在今重慶市雲陽縣西。

[2]旒：冕冠前後懸垂的玉串。《禮記·玉藻》："天子玉藻，十有二旒。"

[3]金根車：根車，用自然圓曲的樹木做車輪裝配成的車子。黄金爲飾的根車謂金根車，帝王所乘。

[4]旄頭雲罕：旄頭，古代皇帝儀仗中一種担任先驅的騎兵。雲罕，旌旗。

[5]八佾：古代天子用的一种樂舞。佾，舞列，縱横都是八人，共六十四人。

[6]鍾虡（jù）宮懸：鐘虡，一种懸钟的格架。上有猛獸爲飾。宮懸，宮廷音樂。

[7]御史大夫：官名，協助丞相處理天下政務，以監察執法爲主要職掌。東漢稱司空。建安年間曹操罷三公，復置此官。晋三品。　常侍：官名，散騎常侍、散騎中常侍、通直散騎常侍、員外散騎常侍等官的簡稱。晋皆三品。　露寢：即路寢，古代天子、諸侯的正廳。《詩·魯頌·閟宮》："松桷有舄，路寢孔碩。"毛亨傳："路寢，正寢也。"

史臣曰：世宗以叡略創基，太祖以雄才成務。事殷之迹空存，翦商之志彌遠，三分天下，功業在焉。及逾劍銷氛，[1]浮淮静亂，桐宮胥怨，[2]或所不堪。若乃體以名臣，格之端揆，周公流連於此歲，魏武得意於兹日。軒懸之樂，大啓南陽，師摯之圖，[3]於焉北面。壯矣哉，包舉天人者也！爲帝之主，不亦難乎。

[1]逾劍銷氛：越過劍閣平定蜀漢。

[2]桐宮胥怨：商代太甲在位，不遵湯法，亂德。伊尹囚禁太甲於桐宮，以消除民間怨氣。

[3]師摯之圖：中華本校勘記："盧文弨《群書拾補》：'圖'疑'徒'。"

贊曰：世宗繼文，邦權未分。三千之士，其從如雲。太祖無外，[1]靈關静氛。反雖討賊，終爲弑君。

[1]太祖無外：太，原本、宋本、殿本作“世”，據中華本校勘記改。

晋書　卷三

帝紀第三

武帝

武皇帝諱炎，字安世，文帝長子也。寬惠仁厚，沉深有度量。魏嘉平中，[1]封北平亭侯，歷給事中、奉車都尉、中壘將軍，[2]加散騎常侍，[3]累遷中護軍、假節。[4]迎常道鄉公於東武陽，[5]遷中撫軍，[6]進封新昌鄉侯。及晋國建，立爲世子，拜撫軍大將軍，[7]開府、副貳相國。[8]初，文帝以景帝既宣帝之嫡，早世無後，以帝弟攸爲嗣，[9]特加愛異，自謂攝居相位，百年之後，大業宜歸攸。每曰："此景王之天下也，吾何與焉。"將議立世子，屬意於攸。[10]何曾等固争曰：[11]"中撫軍聰明神武，有超世之才。髮委地，手過膝，此非人臣之相也。"由是遂定。

[1]嘉平：曹魏齊王曹芳年號（249—254）。

[2]給事中：官名，魏晋時有時爲加官，有時爲正官。晋五品。

奉車都尉：官名，魏晋時作加官，與駙馬都尉、騎都尉並號三都尉。晋六品。　中壘將軍：官名，三國魏置。初領中壘營兵，正始六年（245）曹芳解散中壘營後，僅作爲名號。晋四品。

[3]散騎常侍：官名，三國魏文帝黄初年間置，侍從皇帝左右，諫諍得失，顧問應對，與侍中等共平尚書奏事。也用作宰相、諸公等加官，入宫議政。晋三品。

[4]中護軍：官名，掌武官選舉，與中領軍同掌禁軍。曹魏四品，晋三品。　假節：假以節杖。指大臣臨時持節出巡，爲權臣掌軍、秉政的地位象徵和政治待遇。

[5]常道鄉公：即陳留王曹奂，字景明，燕王曹宇之子。封安次縣常道鄉公，後被司馬昭迎立爲帝。公元260年至265年在位。　東武陽：縣名，西漢置，治所在今山東省莘縣東南。

[6]中撫軍：官名，副貳相國事，掌握朝政大權。

[7]撫軍大將軍：官名，三國魏文帝始置，皇帝出征，總管留守事。晋二品，開府位從公者一品。

[8]開府：開設府署，辟置僚屬。魏晋時常以此作爲對高級官員的寵待。

[9]攸：即司馬攸，字大猷，本書卷三八有傳。

[10]屬（zhǔ）意：傾意，偏向。

[11]何曾：字穎考，本書卷三三有傳。

咸熙二年五月，立爲晋王太子。八月辛卯，文帝崩，太子嗣相國、晋王位。下令寬刑宥罪，撫衆息役，國内行服三日。[1]是月，長人見於襄武，[2]長三丈，告縣人王始曰："今當太平。"九月戊午，以魏司徒何曾爲丞相，[3]鎮南將軍王沉爲御史大夫，[4]中護軍賈充爲衛將軍，[5]議郎裴秀爲尚書令、光禄大夫，[6]皆開府。十一月，初置四護軍，以統城外諸軍。乙未，[7]令諸郡中正以六條舉淹滯：[8]一曰忠恪匪躬，[9]二曰孝敬盡禮，三曰友于兄弟，四曰潔身勞謙，五曰信義可復，六曰學以爲己。[10]是時晋德既洽，[11]四海宅心，[12]於是天子知曆數有在，乃使太保鄭冲奉策曰：[13]“咨爾晋王：我皇祖有虞氏誕膺靈運，[14]受終于陶唐，[15]亦以命于有夏。惟三后陟配于天，[16]而咸用光敷聖德。[17]自兹厥後，天又輯大命于漢。火德既衰，[18]乃眷命我高祖。方軌虞夏四代之明顯，我不敢知。惟王乃祖乃父，服膺明哲，輔亮我皇家，勛德光于四海。格爾上下神祇，[19]罔不克順，地平天成，萬邦以乂。[20]應受上帝之命，協皇極之中，肆予一人，[21]祗承天序，以敬授爾位，曆數實在爾躬。允執其中，天禄永終。於戲！王其欽順天命。率循訓典，底綏四國，[22]用保天休，無替我二皇之弘烈。”[23]帝初以禮讓，魏朝公卿何曾、王沉等固請，乃從之。

[1]行服：穿孝服居喪。《後漢書》卷三七《桓榮附桓郁傳》：“肅宗即位，郁以母憂乞身，詔聽以侍中行服。”

[2]襄武：縣名，治所在今甘肅省隴西縣東南。

[3]司徒：官名，西漢哀帝元壽二年（前1）改丞相爲大司徒，東漢光武帝時改名爲司徒，東漢末又改爲丞相。三國魏恢復三公制，改丞相爲司徒，管理民政。兩晋沿制，爲八公之一，在太尉之下、司空之上。與丞相通職，一般不並置，爲名譽宰相。晋一品。

[4]鎮南將軍：官名，與鎮東、鎮西、鎮北將軍合稱四鎮將軍。多爲持節都督，出鎮方面。曹魏二品。晋改三品，加持節都督者二品。　王沉：西晋晋陽（今山西省太原市西南）人，字處道，本書卷三九有傳。　御史大夫：官名，秦始皇始置，位僅次於左右丞相。協助丞相處理天下政務，以監察執法爲主要職掌。東漢稱司

空。建安年間曹操罷三公，復置此官。晋三品。

[5]賈充：字公閭，本書卷四〇有傳。　衛將軍：官名，魏晋時位在名號將軍之上，多爲軍府名號，加給大臣、重要州郡長官。晋二品，開府位從公者一品。

[6]議郎：官名，西漢始置。魏晋時品秩雖低，名義清高。晋七品。　裴秀：本書卷三五有傳。　尚書令：官名，秦漢時爲尚書署長官。秩位雖低，權力甚重。魏晋時沿置，爲尚書省長官，綜理全國政務，參議大政，爲高級政務長官。晋三品。　光禄大夫：官名，西漢時屬光禄勳，秩比二千石。東漢漸成散職，三國魏以後地位提高，三公等大臣告老回家即拜此職，或作爲在朝顯職的加官。晋三品，開府位從公者一品。

[7]乙未：十一月辛亥朔，無乙未。疑爲"己未"之誤，己未九日。或脱閏，該年閏十一月辛巳朔，乙未十五日。（參見牛繼清《〈晋書〉時誤補校舉例》，《固原師專學報》1997年第4期）

[8]中正：魏晋時期評定士人品第的官員。郡設中正，州設大中正。朝廷根據中正所評士人的品第授予官職。

[9]忠恪匪躬：忠誠恭謹，不顧自身。《易·蹇》："王臣蹇蹇，匪躬之故。"孔穎达疏："盡忠於君，匪以私身之故而不往濟君，故曰：匪躬之故。"

[10]學以爲己：學習的態度和目的。宋人陳祥道《論語全解》卷十解釋"仕而優則學，學而優則仕"説："君子學以爲己，仕以爲人。爲己不忘乎爲人，故不以學廢仕；爲人不忘乎爲己，故不以仕廢學。"

[11]洽：遍布。《孟子·公孫丑上》："以文王之德，百年而後崩，猶未洽於天下。"

[12]宅心：歸心。心悦誠服而歸附。《漢書》卷一〇〇《叙傳下》："項氏畔换，黜我巴、漢，西土宅心，戰士憤怨。"顔師古注引晋灼曰："西土，關西也。高祖入關，約法三章，秦民大悦，皆宅心高祖。"

[13]太保：官名，史上屢次廢置，三國魏末年復置。晋爲八公之一，位上公，在太宰、太傅之下。安置元老重臣，無職掌。晋一品。　鄭冲：本書卷三三有傳。

[14]有虞氏：即舜。舜的後裔爲夏代諸侯，稱有虞。

[15]陶唐：堯之號。《左傳・襄公二十四年》：宣子曰："昔匄之祖，自虞以上爲陶唐氏。"杜預注："陶唐，堯所治地，大原晋陽縣也。終虞之世以爲號，故曰自虞以上。"

[16]三后：此指禹、契、后稷三代明主。

[17]光敷聖德：廣布聖德。

[18]火德：五德之一，此指漢朝。班固《漢書》卷一《高帝紀下》贊曰："由是推之，漢承堯運，德祚已盛，斷蛇著符，旗幟上赤，協於火德，自然之應，得天統矣。"

[19]格：感通，感動。

[20]乂：治理，安定。

[21]肆：施與，給予。

[22]底（shǐ）綏：安定，平定。

[23]弘烈：豐功偉業。

泰始元年冬十二月丙寅，[1]設壇于南郊，百僚在位，及匈奴南單于、四夷會者數萬人，[2]柴燎告類于上帝曰：[3]"皇帝臣炎敢用玄牡明告于皇皇后帝：[4]魏帝稽協皇運，[5]紹天明命以命炎。昔者唐堯，熙隆大道，禪位虞舜，舜又以禪禹，邁德垂訓，多歷年載。暨漢德既衰，太祖武皇帝撥亂濟時，[6]扶翼劉氏，又用受命于漢。粤在魏室，[7]仍世多故，幾於顛墜，實賴有晋匡拯之德，用獲保厥肆祀，弘濟于艱難，此則晋之有大造于魏也。[8]誕惟四方，罔不祗順，廓清梁岷，[9]包懷揚越，八紘同軌，[10]祥瑞屢臻，天人協應，無思不服。肆予憲章三后，[11]用集大命于兹。炎維德不嗣，辭不獲命。於是群公卿士，百辟庶僚，[12]黎獻陪隸，[13]暨于百蠻君長，[14]僉曰：'皇天鑒下，求人之瘼，[15]既有成命，固非克讓所得距違。天序不可以無統，人神不可以曠主。'炎虔奉皇運，寅畏天威，敬簡元辰，升壇受禪，告類上帝，永答衆望。"禮畢，即洛陽宫幸太極前殿，[16]詔曰："昔朕皇祖宣王，聖哲欽明，誕應期運，熙帝之載，[17]肇啓洪基。伯考景王，履道宣猷，[18]緝熙諸夏。[19]至于皇考文王，[20]叡哲光遠，允協靈祇，應天順時，受兹明命。仁濟于宇宙，功格于上下。肆魏氏弘鑒于古訓，儀刑于唐虞，疇咨群后，爰輯大命于朕身。予一人畏天之命，用不敢違。惟朕寡德，負荷洪烈，託于王公之上，以君臨四海，惴惴惟懼，罔知所濟。惟爾股肱爪牙之佐，文武不貳之臣，乃祖乃父，實左右我先王，光隆我大業。思與萬國，共饗休祚。"於是大赦，改元。賜天下爵，人五級；鰥寡孤獨不能自存者穀，人五斛。復天下租賦及關市之税一年，逋債宿負皆勿收。[21]除舊嫌，解禁錮，[22]亡官失爵者悉復之。

[1]丙寅：原本作"景寅"。"景"爲"丙"的避諱字，以後本卷凡此避諱字均徑改，不再出注。

[2]匈奴：古代北方少數民族名。東漢時分裂爲南北兩部，建安二十一年（216）南匈奴呼厨泉單于入朝，部衆分爲五部，散居各郡縣。

[3]告類：祭天禮儀。《尚書·舜典》："肆類於上帝。"孔安國

傳：“類謂攝位事類。遂以攝告天及五帝。”

［4］玄牡：祭天用的黑色公牛。

［5］稽協：卜問服從。此指卜問天意服從天命。

［6］太祖武皇帝：即曹操。

［7］粤：助詞，用於句首，表示審慎的語氣。《史記》卷四《周本紀》：“我南望三塗，北望岳鄙，顧詹有河，粤詹雒、伊，毋遠天室。”張守節正義：“粤者，審慎之辭也。”

［8］大造：大功勞，大恩德。

［9］梁岷：梁山和岷山。此指蜀漢。

［10］八紘：八方極遠之地。《淮南子·墬形訓》：“九州之外，乃有八殥……八殥之外，而有八紘，亦方千里。”高誘注：“紘，維也。維落天地而爲之表，故曰紘也。”

［11］肆：因此，因而。

［12］百辟：百官。

［13］黎獻：黎民中的賢者。《尚書·益稷》：“萬邦黎獻，共惟帝臣。”蔡沈《書經集傳》注云：“黎獻者，黎民之賢者也。”

［14］百蠻君長：蠻，原本作“變”，宋本、殿本作“蠻”，據宋本、殿本改。

［15］瘼：病痛。泛指困苦。《詩·小雅·四月》：“亂離瘼矣，爰其適歸。”毛亨傳：“瘼，病。”

［16］太極前殿：2014 至 2016 年，中國社會科學院考古研究所漢魏洛陽城考古隊在太極殿宮院西南角進行發掘，一方面，確定了太極殿宮院西南角的位置和建築形式與特徵；另一方面，結合以往勘察發現的三號宮門、太極殿主殿及東西堂遺址，將太極殿所處宮院的空間架構和基本平面佈局初步呈現出來，顯示了太極殿居中、居高、居前的重要地位，彰顯了太極殿“建中立極”的建築理念。被評爲 2016 年度河南省五大考古新發現之一。（參見《華夏考古》2017 年第 2 期）

［17］熙帝之載：使帝業有一個光明的開始。熙，光明。載，開

始。《詩·大雅·皇矣》:“載錫之光,受禄無喪,奄有四方。”鄭玄箋:“載,始也。”

[18]履道宣猷:踐行宣揚治國之道。猷,道。

[19]緝熙:光明。《詩·大雅·文王》:“穆穆文王,於緝熙敬止。”毛亨傳:“緝熙,光明也。”

[20]皇考文王:即司馬昭。

[21]逋債宿負:拖欠很久未還的債務。

[22]禁錮:監禁;關押。《漢書》卷二三《刑法志》:“前令之刑城旦舂歲而非禁錮者,如完爲城旦舂歲數以免。”

丁卯,遣太僕劉原告于太廟。[1]封魏帝爲陳留王,[2]邑萬户,居于鄴宫;[3]魏氏諸王皆爲縣侯。追尊宣王爲宣皇帝,景王爲景皇帝,文王爲文皇帝,宣王妃張氏爲宣穆皇后。[4]尊太妃王氏曰皇太后,[5]宫曰崇化。封皇叔祖父孚爲安平王,[6]皇叔父幹爲平原王,[7]亮爲扶風王,[8]伷爲東莞王,[9]駿爲汝陰王,[10]肜爲梁王,[11]倫爲琅邪王,[12]皇弟攸爲齊王,鑒爲樂安王,[13]機爲燕王,[14]皇從伯父望爲義陽王,[15]皇從叔父輔爲渤海王,[16]晃爲下邳王,[17]瓌爲太原王,[18]珪爲高陽王,[19]衡爲常山王,[20]子文爲沛王,[21]泰爲隴西王,[22]權爲彭城王,[23]綏爲范陽王,[24]遂爲濟南王,[25]遜爲譙王,[26]睦爲中山王,[27]陵爲北海王,[28]斌爲陳王,[29]皇從父兄洪爲河間王,[30]皇從父弟楙爲東平王。[31]以驃騎將軍石苞爲大司馬,[32]封樂陵公,車騎將軍陳騫爲高平公,[33]衛將軍賈充爲車騎將軍、魯公,尚書令裴秀爲鉅鹿公,侍中荀勖爲濟北公,[34]太保鄭冲爲太傅、壽光公,太尉王祥爲太保、睢陵公,[35]丞相何曾爲太尉、朗陵公，御史大夫王沉爲驃騎將軍、博陵公，司空荀顗爲臨淮公,[36]鎮北大將軍衛瓘爲菑陽公。[37]其餘增封進爵各有差，文武普增位二等。改《景初曆》爲《太始曆》，臘以酉,[38]社以丑。[39]

[1]太僕：官名，掌皇帝車馬、田獵、兵器及全國牧業。三品。

[2]陳留王：即常道鄉公曹奂，字景明，燕王曹宇之子。封安次縣常道鄉公，後被司馬昭迎立爲帝。公元 260 至 265 年在位。後被廢爲陳留王。

[3]鄴：縣名，治所在今河北省臨漳縣西南。

[4]宣穆皇后：司馬懿夫人張春華，本書卷三一有傳。

[5]太妃王氏：司馬昭夫人王元姬，本書卷三一有傳。

[6]孚：司馬孚，字叔達，本書卷三七有傳。

[7]幹：司馬幹，字子良，本書卷三八有傳。

[8]亮：司馬亮，字子翼，本書卷五九有傳。

[9]伷：司馬伷，字子將，本書卷三八有傳。

[10]駿：司馬駿，字子臧，本書卷三八有傳。

[11]肜：司馬肜，字子徽，本書卷三八有傳。

[12]倫：司馬倫，字子彝，本書卷五九有傳。

[13]鑒：司馬鑒，字大明，本書卷三八有傳。

[14]機：司馬機，字太玄，本書卷三八有傳。機，原本、宋本、殿本作“幾”，據中華本校勘記改。

[15]望：司馬望，字子初，本書卷三七有傳。

[16]輔：司馬輔，不詳其字，本書卷三七有傳。

[17]晃：司馬晃，字子明，本書卷三七有傳。

[18]瓌：司馬瓌，字子泉，本書卷三七有傳。

[19]珪：司馬珪，字子璋，本書卷三七有傳。

[20]衡：司馬衡，字子平，本書卷三七有傳。

[21]子文爲沛王：中華本校勘記："李校：'《宗室傳》言沛王景字子文。此舉其字者，蓋沛王名本或作"炳"及"昞"、"秉"之類，唐避世祖諱昞，於"丙""秉"等字皆改爲"景"。故紀稱其字，傳改爲"景"耳。'李説當是。"司馬子文，本書卷三七有傳。

[22]泰：司馬泰，字子舒，本書卷三七有傳。

[23]權：司馬權，字子輿，本書卷三七有傳。

[24]綏：司馬綏，字子都，本書卷三七有傳。

[25]遂：司馬遂，字子伯，本書卷三七有傳。

[26]遜：司馬遜，字子悌，本書卷三七有傳。

[27]睦：司馬睦，字子友，本書卷三七有傳。

[28]陵：司馬陵，字子山，本書卷三七有傳。殿本作"淩"。

[29]斌：司馬斌，字子政，本書卷三七有傳。

[30]洪：司馬洪，字孔業，本書卷三七有傳。

[31]楙：司馬楙，字孔偉，本書卷三七有傳。

[32]驃騎將軍：官名，東漢以後，居諸名號將軍之首，僅作爲軍府名號加授大臣或重要州郡長官。二品，開府位從公者一品。　石苞：字仲容。本書卷三三有傳。　大司馬：官名，八公之一，位在上公之下、大將軍及三公之上，高級將帥，多爲大臣加官。一品。

[33]車騎將軍：官名，魏晋南北朝時，位次於驃騎將軍，在諸名號將軍之上，多作爲軍府名號，以加授大臣及重要州郡長官。二品，開府位從公者一品。　陳騫：《世説新語·方正》注引《晋陽秋》："騫字休淵。"本書卷三五有傳。

[34]侍中：官名，東漢建安中與給事黄門侍郎出入禁中，省尚書事。曹魏時爲門下之侍中省長官。常侍衛皇帝左右，掌顧問應對、諫諍糾察、平議奏事、駁奏異議等，權力甚重。三品。　荀勖：字公曾，本書卷三九有傳。

[35]太尉：官名，曹操爲丞相後，太尉府屬官歸相府，晋時太尉雖爲八公之一、三公之首，實爲名譽宰相，多爲大臣加官。一品。　王祥：字休徵，本書卷三三有傳。

[36]荀顗：字景倩，本書卷三九有傳。

[37]鎮北大將軍衛瓘爲菑陽公：鎮北大將軍，官名，三國蜀、吴置，職掌與鎮北將軍同，唯資歷深者得任此職，不常置。晋二品，開府位從公者一品。衛瓘，字伯玉，本書卷三六有傳。菑陽公，原本、宋本作“菑防”，且無“公”字，殿本作“菑陽公”。檢本書卷三六《衛瓘傳》“除使持節、都督關中諸軍事、鎮西將軍，尋遷都督徐州諸軍事、鎮東將軍，增封菑陽侯，以餘爵封弟實開陽亭侯。泰始初，轉征東將軍，進爵爲公”，則“菑陽公”是。

[38]臘以酉：以十二月第一個酉日臘祭。

[39]社以丑：以正月第一個丑日社祭。

戊辰，下詔大弘儉約，出御府珠玉玩好之物，頒賜王公以下各有差。置中軍將軍，[1]以統宿衛七軍。己巳，詔陳留王載天子旌旗，備五時副車，行魏正朔，郊祀天地，禮樂制度皆如魏舊，上書不稱臣。賜山陽公劉康、安樂公劉禪子弟一人爲駙馬都尉。[2]乙亥，以安平王孚爲太宰、假黄鉞、大都督中外諸軍事。[3]詔曰：“昔王淩謀廢齊王，[4]而王竟不足以守位；鄧艾雖矜功失節，[5]然束手受罪。今大赦其家，還使立後。興滅繼絶，約法省刑。除魏氏宗室禁錮。諸將吏遭三年喪者，遣寧終喪。[6]百姓復其徭役。罷部曲將長吏以下質任。[7]省郡國御調，禁樂府靡麗百戲之伎及雕文游畋之具。[8]開直言之路，置諫官以掌之。”是月，鳳凰六、青龍三、白龍二、麒麟各一見于郡國。[9]

[1]中軍將軍：官名，西晋時統左右衛、前後左右驍騎等宿衛七營禁軍，主管京師及朝廷警衛。泰始四年（268）罷，置北軍中候代其職。後爲將軍名號，與鎮軍將軍、撫軍將軍並爲三名號將軍，不統禁兵。三品。

[2]劉康：漢獻帝劉協之子，襲父爵爲山陽公。　劉禪：蜀漢末代皇帝。字公嗣，劉備子。建興元年（223）即位，炎興元年（263）蜀漢滅亡降魏，賜爵安樂公。　駙馬都尉：官名，與奉車、騎都尉並稱三都尉，多用於宗室、外戚、功臣子、貴族、近臣的加官，亦用於尚公主者。六品。

[3]太宰：官名，即太師，因避司馬師名諱而改名太宰。八公之一，居上公之首，爲宰相之任。晋一品。　假黄鉞：假以黄鉞。黄鉞即飾以黄金的斧鉞，爲皇帝儀仗。賜予出征重臣，以示威重，令其專主征伐。　大都督中外諸軍事：官名，都督中外諸軍事爲高級軍事長官，全國最高軍事統帥，總統中央地方的内外諸軍，權力極大。在都督中外諸軍事上加“大”，地位極高。

[4]王淩：三國時太原祁縣（今山西省祁縣東南）人，字彦雲。歷任曹魏建武將軍、揚州刺史、豫州刺史、征東將軍、都督揚州諸軍事等職。密謀擁立楚王曹彪，廢黜齊王曹芳，謀泄被殺。　齊王：即曹芳，明帝養子，青龍三年（235）封齊王。正始元年（240）即帝位，嘉平六年（254）被廢。

[5]鄧艾：三國時義陽棘陽（今河南省南陽市南）人，字士載。歷任典農綱紀、尚書郎、討寇將軍、汝南太守、兖州刺史等職。平蜀漢有功，官至太尉。後爲鍾會所誣，以檻車徵回京師，中途爲衛瓘所殺。

[6]遣寧終喪：回家守完喪期。

[7]長吏：殿本作“吏長”。　質任：人質。

[8]樂府：官署名，主管國家音樂。　百戲之伎：伎，殿本作“技”。

[9]鳳凰：凰，殿本作“皇”。

二年春正月丙戌，遣兼侍中侯史光等持節四方，[1]循省風俗，除禨祝之不在祀典者。丁亥，有司請建七廟，[2]帝重其役，不許。庚寅，罷《鷄鳴歌》。[3]辛丑，尊景皇帝夫人羊氏曰景皇后，[4]宫曰弘訓。丙午，立皇后楊氏。[5]二月，除漢宗室禁錮。己未，常山王衡薨。詔曰："五等之封，[6]皆録舊勛。本爲縣侯者傳封次子爲亭侯，鄉侯爲關内侯，[7]亭侯爲關中侯，皆食本户十分之一。"丁丑，[8]郊祀宣皇帝以配天，宗祀文皇帝於明堂以配上帝。[9]庚午，詔曰："古者百官，官箴王闕，然保氏特以諫静爲職，今之侍中、常侍實處此位。[10]擇其能正色弼違匡救不逮者，以兼此選。"三月戊戌，吴人來吊祭，有司奏爲答詔。帝曰："昔漢文、光武懷撫尉佗、公孫述，[11]皆未正君臣之儀，所以羈縻未賓也。皓遣使之始，未知國慶，但以書答之。"夏五月戊辰，[12]詔曰："陳留王操尚謙冲，每事輒表，非所以優崇之也。主者喻意，非大事皆使王官表上之。"壬子，[13]驃騎將軍、博陵公王沉卒。六月壬申，濟南王遂薨。秋七月辛巳，營太廟，致荆山之木，采華山之石；鑄銅柱十二，塗以黄金，鏤以百物，綴以明珠。戊戌，譙王遜薨。丙午晦，日有蝕之。[14]八月丙辰，省右將軍官。[15]初，帝雖從漢魏之制，既葬除服，而深衣素冠，降席撤膳，哀敬如喪者。戊辰，有司奏改服進膳，不許，遂禮終而後復吉。[16]及太后之喪，亦如之。九月乙未，散騎常侍皇甫陶、傅玄領諫官，[17]上書諫静，有司奏請寢之。詔曰："凡關言人主，人臣所至難，而苦不能聽納，自古忠臣直士之所慷慨也。每陳事出付主者，多從深刻，乃云恩貸當由主上，是何言乎？其詳評議。”戊戌，有司奏：“大晋繼三皇之踪，蹈舜禹之迹，應天順時，受禪有魏，宜一用前代正朔服色，皆如虞遵唐故事。”奏可。冬十月丙午朔，日有蝕之。丁未，詔曰：“昔舜葬蒼梧，[18]農不易畝；禹葬成紀，[19]市不改肆。上惟祖考清簡之旨，所徙陵十里内居人，動爲煩擾，一切停之。”十一月己卯，倭人來獻方物。[20]并圜丘、方丘於南、北郊，[21]二至之祀合於二郊。[22]罷山陽公國督軍，[23]除其禁制。己丑，追尊景帝夫人夏侯氏爲景懷皇后。辛卯，遷祖禰神主于太廟。[24]十二月，罷農官爲郡縣。是歲，鳳皇六、青龍十、黄龍九、麒麟各一見于郡國。[25]

[1]持節：官員外出持有皇帝授予的節杖，代表高等權威，常用於軍事長官出征。

[2]七廟：皇帝宗廟制度。此制度包括兩方面内容，一是七廟所供奉的神主，一是七廟的建築。《宋書》卷一六《禮志三》：“二年正月，有司奏天子七廟，宜如禮營建。帝重其役，詔宜權立一廟。”此處七廟顯然是指建築。

[3]鷄鳴歌：歌，殿本作“鼓”。

[4]羊氏：司馬師夫人羊徽瑜，本書卷三一有傳。

[5]楊氏：武帝皇后楊艷，字瓊芝，本書卷三一有傳。

[6]五等：五個爵禄等級。《禮記·王制》：“王者之制禄爵，公、侯、伯、子、男五等。”關於此次五等封爵，近來有學者研究，認爲晋武帝司馬炎即位爲帝，成功實現了魏晋皇權的更替。爲了獎勵禪代功臣，鞏固統治，便對咸熙元年（264）創立的五等爵制進行改革。從咸熙元年到泰始元年（265）五等爵制的變化，充分説

明了封爵制就是統治者手中掌握的、爲統治服務的一大法寶這一特性，同時也反映了司馬氏從篡奪政權到鞏固政權的政治使命的轉變。（參見董慧秀《西晋初封爵制度的演變》，《大理學院學報》2012年第1期）

［7］鄉侯爲關内侯：原本、宋本、殿本“鄉”上衍“爲”字，據中華本校勘記删。

［8］丁丑：中華本校勘記：“二月己酉朔，丁丑爲二十九日，下文庚午爲二十二日，日序誤倒。”

［9］明堂：本爲皇帝舉行朝會、祭祀、養老、教學等大典的建築，魏晋南北朝時期主要爲祭祀場所。

［10］常侍：官名，散騎常侍、散騎中常侍、通直散騎常侍、員外散騎常侍等官的簡稱。三品。

［11］尉佗：即趙佗。因曾任秦南海郡尉，故稱。秦亡後自立爲南越武王，漢高帝派陸賈立之爲南越王。高帝死後趙佗稱帝。文帝再派陸賈出使南越撫慰，趙佗乃上書稱臣，去帝號。　公孫述：扶風茂陵（今陝西省興平市）人，字子陽。西漢末更始政權蜀郡太守，後自立爲蜀王，旋又稱帝，建都成都，國號成家，建元龍興。《後漢書》卷一三《公孫述傳》：光武帝劉秀給公孫述寫信説：“圖讖言‘公孫’，即宣帝也。代漢者當塗高，君豈高之身邪？乃復以掌文爲瑞，王莽何足效乎！君非吾賊臣亂子，倉卒時人皆欲爲君事耳，何足數也。君日月已逝，妻子弱小，當早爲定計，可以無憂。天下神器，不可力争，宜留三思。”光武撫慰公孫述即指此。

［12］戊辰：中華本校勘記：“五月無戊辰日。”

［13］壬子：中華本校勘記：“五月無壬子日。”

［14］日有蝕之：蝕，殿本作“食”。本卷下文“日有蝕之”同。

［15］右將軍：官名，漢代重號將軍之一，與前、左、後將軍並爲上卿。魏晋時常設，權位漸低，僅爲武官名號，略高於一般雜號將軍。三品。

[16]復吉：脱去喪服。

[17]皇甫陶：西晋人，任散騎常侍、右將軍，因與傅玄争吵喧嘩被劾免官。　傅玄：字休奕，本書卷四七有傳。

[18]蒼梧：地區名。《史記》卷一《五帝本紀》：舜“南巡狩，崩於蒼梧之野”。其地當在今湖南省九嶷山以南廣西壯族自治區賀江、桂江、鬱江區域。

[19]禹葬成紀：《漢書》卷三六《楚元王傳》：“舜葬蒼梧，二妃不從；禹葬會稽，不改其列。”成紀在今甘肅省。此處與《漢書》所載不同，不知何據。

[20]倭：古代對日本的稱呼。《漢書》卷二八《地理志下》：“樂浪海中有倭人，分爲百餘國。”

[21]圜丘：古代帝王冬至祭天的地方。後亦用以祭天地。《周禮·春官·大司樂》：“冬日至，於地上之圜丘奏之。”賈公彦疏：“土之高者曰丘，取自然之丘。圜者，象天圜也。”　方丘：又稱方澤，古代帝王祭地之所。古人認爲天圓地方，故方丘祭地。

[22]二至：冬至和夏至。

[23]督軍：官名，曹操所置。統兵，權任較重，位在郡守之上。

[24]祖禰：先祖和先父，泛指祖先。

[25]麒麟：麒，殿本作“騏”。

三年春正月癸丑，[1]白龍二見于弘農、澠池。[2]丁卯，[3]立皇子衷爲皇太子。[4]詔曰：“朕以不德，託于四海之上，兢兢祗畏，[5]懼無以康濟宇内，思與天下式明王度，正本清源，於置胤樹嫡，非所先務。又近世每建太子，[6]寬宥施惠之事，間不獲已，[7]順從王公卿士之議耳。方今世運垂平，將陳之以德義，示之以好惡，使百姓蠲多幸之慮，篤終始之行，曲惠小仁，故無取焉。咸使知聞。”三月戊寅，初令二千石得終三年喪。丁未，[8]晝昏。罷武衛將軍官。[9]以李憙爲太子太傅。[10]太山石崩。夏四月戊午，張掖太守焦勝上言，[11]氐池縣大柳谷口有玄石一所，[12]白畫成文，實大晋之休祥，圖之以獻。詔以制幣告于太廟，[13]藏之天府。秋八月，罷都護將軍，[14]以其五署還光禄勛。[15]九月甲申，詔曰："古者以德詔爵，以庸制禄，[16]雖下士猶食上農，外足以奉公忘私，内足以養親施惠。今在位者禄不代耕，非所以崇化之本也。其議增吏俸。”賜王公以下帛各有差。以太尉何曾爲太保，義陽王望爲太尉，司空荀顗爲司徒。冬十月，聽士卒遭父母喪者，非在疆埸，皆得奔赴。十二月，徙宗聖侯孔震爲奉聖亭侯。[17]山陽公劉康來朝。禁星氣讖緯之學。[18]

[1]癸丑：據中華本校勘記："是年正月甲戌朔，月内無癸丑。"

[2]弘農：郡名，治所在弘農縣（今河南省靈寶市）。 澠池：縣名，治所在今河南省澠池縣西。

[3]丁卯：據中華本校勘記："是年正月甲戌朔，月内無丁卯。"

[4]衷：司馬衷，即惠帝。本書卷四有紀。

[5]祇畏：敬畏。《尚書·金縢》："用能定爾子孫於下地，四方之民，罔不祇畏。"

[6]建太子：建，原本、宋本作"見"，殿本作"建"，據殿本改。

[7]間：間或，有時候。

[8]丁未：中華本校勘記："三月癸酉朔，無丁未。"

[9]武衛將軍：官名，三國魏置，權任很重。四品。

[10]李憙：字季和，本書卷四一有傳。

[11]張掖：郡名，西漢置，治所在觻得縣（今甘肅省張掖市西北），晋改觻得縣名永平縣（今甘肅省張掖市西北）。

[12]氐池縣：治所在今甘肅省民樂縣。

[13]幣：本指祭祀用的繒帛。《儀禮·聘禮》："幣美則没禮。"鄭玄注："幣，謂束帛也。"後泛指祭品。

[14]都護將軍：官名，三國魏及西晋初爲禁衛軍長官，統原屬光禄勛的虎賁中郎將等五署，掌宫廷宿衛。

[15]光禄勛：官名，侍從皇帝左右，掌宫廷宿衛。西晋時兼掌原屬少府的一部分宫廷供御事務。三品。

[16]庸：功勞，功勛。《春秋左傳·昭公四年》："告之以文辭，董之以武師，雖齊不許，君庸多矣。"杜預注："庸，功也。"

[17]孔震：魏文帝黄初二年（221），封議郎孔羡爲宗聖侯，晋武帝泰始三年（267），徙宗聖侯孔震爲奉聖亭侯。當爲孔羡死後孔震襲封，至晋武帝時又改封。如此，孔震爲孔羡嫡長子。

[18]星氣讖緯：星氣，占星望氣之術。讖緯，漢代流行的神學。"讖"是巫師或方士製作的一種隱語或預言，作爲吉凶的符驗或徵兆。"緯"指方士化的儒生編集起來附會儒家經典的各種著作。緯，原本、宋本作"諱"，殿本作"緯"，據殿本改。

四年春正月辛未，以尚書令裴秀爲司空。丙戌，律令成，封爵賜帛各有差。有星孛于軫。[1]丁亥，帝耕于藉田。[2]戊子，詔曰："古設象刑而衆不犯，[3]今雖參夷而姧不絶，[4]何德刑相去之遠哉！先帝深愍黎元，[5]哀矜庶獄，乃命群后，考正典刑。朕守遺業，永惟保乂皇基，思與萬國以無爲爲政。方今陽春養物，東作始興，[6]朕親率王公卿士耕藉田千畒。又律令既就，班之天下，將以簡法務本，惠育海内。宜寬有罪，使得自新，其大赦天下。長吏、郡丞、長史各賜馬一匹。”[7]二月庚子，增置山陽公國相、郎中令、陵令、雜工宰人、鼓吹車馬各有差。[8]罷中軍將軍，置北軍中候官。[9]甲寅，以東海劉儉有至行，[10]拜爲郎。[11]以中軍將軍羊祜爲尚書左僕射，[12]東莞王伷爲尚書右僕射。[13]三月戊子，皇太后王氏崩。夏四月戊戌，太保、睢陵公王祥薨。己亥，祔葬文明皇后王氏於崇陽陵。罷振威、揚威護軍官，[14]置左右積弩將軍。[15]六月丙申朔，[16]詔曰：“郡國守相，三載一巡行屬縣，必以春，此古者所以述職宣風展義也。見長吏，觀風俗，協禮律，考度量，存問耆老，[17]親見百年。録囚徒，理冤枉，詳察政刑得失，知百姓所患苦。無有遠近，便若朕親臨之。敦喻五教，[18]勸務農功，勉勵學者，思勤正典，無爲百家庸末，[19]致遠必泥。士庶有好學篤道，孝悌忠信，[20]清白異行者，舉而進之；有不孝敬於父母，不長悌於族黨，悖禮棄常，不率法令者，糾而罪之。田疇闢，生業修，禮教設，禁令行，則長吏之能也。人窮匱，農事荒，奸盜起，刑獄煩，下陵上替，[21]禮義不興，斯長吏之否也。若長吏在官公廉，慮不及私，正色直節，不飾名譽者，及身行貪穢，諂黷求容，[22]公節不立，而私門日富者，並謹察之。揚清激濁，舉善彈違，此朕所以垂拱總綱，責成於良二千石也。於戲戒哉！”

[1]有星孛于軫：星孛，彗星。《春秋左傳·文公十四年》：“秋，七月，有星孛入於北斗。”杜預注：“孛，彗也。”軫，二十八星宿之一，南方朱雀七宿的最末一宿，有星四顆。意謂有彗星出現

在軫。

[2]藉田：皇帝親耕之田。每逢春耕前，皇帝躬耕藉田，以示對農業的重視。藉，殿本作“耤”，本卷下文“藉田”同。

[3]象刑：相傳上古無肉刑，僅用與衆不同的服飾加之犯人以示辱，謂之象刑。《尚書·益稷》：“皋陶方祗厥叙，方施象刑，惟明。”《荀子·正論》：“治古無肉刑而有象刑，墨黥，慅嬰，共艾畢，菲對屨，殺赭衣而不純。”楊倞注：“象刑，異章服，耻辱其形象，故謂之象刑也。”《尚書大傳》卷一：“唐虞象刑，犯墨者蒙皂巾，犯劓者赭其衣，犯臏者以墨幪其臏處而畫之，犯大辟者布衣無領。”

[4]參夷：誅滅三族的酷刑。《漢書》卷二三《刑法志》：“韓任申子，秦用商鞅，連相坐之法，造參夷之誅。”顔師古注：“參夷，夷三族。”

[5]黎元：黎民百姓。

[6]東作：謂春耕。《尚書·堯典》：“寅賓出日，平秩東作。”孔安國傳：“歲起於東，而始就耕，謂之東作。”

[7]長吏：此指縣令、縣長、郡守。　郡丞：官名，爲郡守副貳，亦稱府丞。輔佐郡守掌衆事。三國魏蜀吴皆置。八品。　長史：官名，掌顧問參謀，爲所在官署掾屬之長。魏晋南北朝時王府、公府、軍府、邊郡均置。八至六品。

[8]國相：官名，西漢初諸侯王國置相國、丞相。曹魏咸熙元年（264）封公侯伯子男爵，各有封國，相國乃各封國中的行政長官。武帝太康十年（289），改王國相爲内史，公國以下仍稱相。五品。　郎中令：官名，王國公侯屬官，魏晋爲王國中的三卿之一。六品。　陵令：官名，帝陵長官。七品。原本、宋本無此二字，殿本有，據殿本補。　雜工宰人：王國中的雜役及掌飲食的膳宰。

[9]北軍中候：官名，掌監屯騎校尉、越騎校尉、步兵校尉、長水校尉、射聲校尉所領北軍五營。魏晋時增設禁軍兵力，由地位更高的中領軍統轄，北軍五營作用漸輕，北軍中候置省無常。常與

中領軍並置。五品。

[10]東海：郡名，治所在郯縣（今山東省郯城縣北）。

[11]郎：郎官的泛稱。

[12]羊祜：字叔子，本書卷三四有傳。　尚書左僕射：官名，尚書省次官，輔助尚書令執行政務、參議大政、諫諍得失、監察糾彈百官。有時尚書省不置令，衹設左、右僕射，此時左僕射居右僕射之上。三品。

[13]尚書右僕射：官名，尚書令副手，掌拆閱封緘奏章文書、參議政事、諫諍駁議、監察百官。位在左僕射之下。三品。

[14]揚威護軍：官名，三國魏置。魏晋時常隨征伐目的，置諸雜號護軍，如征蜀護軍、平虜護軍、揚威護軍等，職如將軍，而地位稍遜同號將軍，資歷稍淺之統帥常授此。晋武帝泰始四年（268）罷此職與振威護軍，改置左、右積弩將軍。

[15]左右積弩將軍：官名，魏晋時置。領禁衛營兵，隸中領軍。四品。

[16]丙申：丙，原本、宋本、殿本作“甲”，據中華本校勘記改。

[17]耆老：鄉中年老又有影響的人。

[18]五教：五常之教。指父義、母慈、兄友、弟恭、子孝五種倫理道德的教育。

[19]庸末：末流。

[20]孝悌：悌，殿本作“弟”。

[21]下陵上替：綱紀廢弛，上下失序。

[22]諂黷求容：諂媚瀆職衹求上峰高興。

秋七月，太山石崩，衆星西流。戊午，[1]遣使者侯史光循行天下。[2]己卯，謁崇陽陵。九月，青、徐、兖、豫四州大水，[3]伊洛溢，[4]合於河，[5]開倉以振之。詔曰：

"雖詔有所欲，及奏得可而於事不便者，皆不可隱情。"冬十月，吴將施績入江夏，[6]萬郁寇襄陽。[7]遣太尉義陽王望屯龍陂。[8]荆州刺史胡烈擊敗郁。[9]吴將顧容寇鬱林，[10]太守毛炅大破之，[11]斬其交州刺史劉俊、將軍修則。[12]十一月，吴將丁奉等出芍陂，[13]安東將軍汝陰王駿與義陽王望擊走之。[14]己未，詔王公卿尹及郡國守相，舉賢良方正直言之士。[15]十二月，班五條詔書於郡國：一曰正身，二曰勤百姓，三曰撫孤寡，四曰敦本息末，五曰去人事。[16]庚寅，帝臨聽訟觀，[17]録廷尉洛陽獄囚，[18]親平决焉。扶南、林邑各遣使來獻。[19]

[1]戊午：中華本校勘記："七月丙寅朔，無戊午。"

[2]侯史光：字孝明，本書卷四五有傳。

[3]青：青州，西漢武帝置十三部刺史之一，治所在臨淄縣（今山東省淄博市東北）。　徐：徐州，治所在彭城縣（今江蘇省徐州市）。　兖：兖州，三國魏治所在廩丘縣（今山東省鄆城縣西北），晋惠帝末，兖州闔境淪没於石勒。東晋元帝僑置兖州，治京口（今江蘇省鎮江市）。　豫：豫州，曹魏時治所在安城縣（今河南省正陽縣東北），西晋移治陳縣（今河南省周口市淮陽區）。

[4]伊洛：伊，伊水，在河南境内，發源於欒川縣西伏牛山，東北流至偃師市西南入洛河。洛，洛水，即今洛河，源出陝西省藍田縣，流經河南注入黄河。

[5]河：古代專指黄河。

[6]施績：三國孫吴將領，丹楊故鄣（今浙江省安吉縣北）人，字公續，其父孫吴將軍朱然，本姓施。至施績改回原姓。歷任孫吴建忠都尉、平魏將軍、驃騎將軍上大將軍等職。建衡二年（270）卒。　江夏：郡名，三國魏治所在上昶城（今湖北省雲夢

縣)，西晋移治安陸縣（今湖北省安陸市西南)。

[7]萬郁：《三國志》卷四八《吴書·三嗣主傳》作萬彧。歷任孫吴左典軍、烏程令、常侍、右丞相。鳳凰元年（272）被孫皓譴責憂愁致死。　襄陽：郡名，東漢建安十三年（208）置，治所在襄陽縣（今湖北省襄陽市)，西晋移治宜城縣（今湖北省宜城市南)。

[8]龍陂：又作龍川、龍泉。位於今湖北省荆州市沙市區北紀南城西南。

[9]荆州：三國時曹魏治所在新野縣（今河南省新野縣)，孫吴治所在江陵縣（今湖北省江陵縣)，西晋統一後治所在江陵縣(今湖北省江陵縣)。　胡烈：西晋人，歷任泰山太守、征蜀護軍、荆州刺史、秦州刺史等，泰始六年（270）六月，死於征戰。

[10]鬱林：郡名，西漢元鼎六年（前111）置，治所在布山縣(今廣西壯族自治區桂平市西南古城)。

[11]毛炅：建寧（今湖南省株洲市西北）人，西晋鬱林太守。建衡三年孫吴軍攻打鬱林，城破，毛炅被殺。

[12]交州：又稱交阯，公元前2世紀初南越王趙佗置，後屬西漢。東漢改爲交州，治所在番禺縣（今廣東省廣州市)。三國時移治龍編縣（今越南社會主義共和國河北省仙游縣東)。

[13]丁奉：三國時廬江安豐（今河南省固始縣東南）人，字承淵。歷任孫吴偏將軍、冠軍將軍、左將軍、大將軍等職。官至右大司馬左軍師。　芍陂：又名龍泉陂，位於今安徽省壽縣南。漢唐間屢有修治，隋唐以後稱安豐塘。

[14]安東將軍：官名，東漢建安年間置，與安西、安南、安北將軍合稱四安將軍，爲出鎮某一地區的軍事長官，或作爲刺史等兼理軍務的加官，權任頗重。三品，加持節都督者二品。

[15]賢良方正：舉薦選拔人才的科目，始於西漢文帝時。

[16]人事：説情請托，交際應酬。袁宏《後漢紀》卷一五《殤帝紀》："儒生寡少，其在京師不務經學，競於人事，争於

貨賄。”

［17］聽訟觀：《説郛》卷六一陸機《洛陽記》：“宫中有臨商、陵雲、宣曲、廣望、閬風、萬世、修齡、總章、聽訟凡九觀，皆高十六七丈，雲母窗，日曜之有光。”

［18］廷尉：官名，戰國秦始置。漢哀帝時改名大理，東漢復稱廷尉。中央最高司法審判機構長官，負責會審朝中有罪文武大臣，覆核審决郡國疑獄。三品。

［19］扶南：意爲“山地之王”，在今柬埔寨王國，公元1世紀建國。　林邑：即占城，在今越南社會主義共和國中部地區，本書卷九七有傳。

五年春正月癸巳，申戒郡國計吏守相令長，務盡地利，禁游食商販。丙申，帝臨聽訟觀録囚徒，多所原遣。青龍二見於滎陽。[1]二月，以雍州隴右五郡及凉州之金城、梁州之陰平置秦州。[2]辛巳，白龍二見於趙國。[3]青、徐、兖三州水，遣使振恤之。壬寅，以尚書左僕射羊祜都督荆州諸軍事，征東大將軍衛瓘都督青州諸軍事，[4]東莞王伷鎮東大將軍、都督徐州諸軍事。[5]丁亥，詔曰：“古者歲書群吏之能否，三年而誅賞之。諸令史前後，但簡遣疏劣，[6]而無有勸進，非黜陟之謂也。[7]其條勤能有稱尤異者，歲以爲常。吾將議其功勞。”己未，[8]詔蜀相諸葛亮孫京隨才署吏。[9]夏四月，地震。五月辛卯朔，鳳皇見于趙國。曲赦交趾、九真、日南五歲刑。[10]六月，鄴奚官督郭廙上疏陳五事以諫，[11]言甚切直，擢爲屯留令。[12]西平人麴路伐登聞鼓，[13]言多祅謗，有司奏棄市。帝曰：“朕之過也。”捨而不問。罷鎮軍將軍，[14]復置左右將軍官。秋七月，延群公，詢讜言。[15]九月，有星孛于紫宫。[16]冬十月丙子，以汲郡太守王宏有政績，[17]賜穀千斛。十一月，追封謚皇弟兆爲城陽哀王，[18]以皇子景度嗣。[19]十二月，詔州郡舉勇猛秀異之才。

[1]滎陽：郡名，治所在滎陽縣（今河南省滎陽市東北）。

[2]雍州隴右五郡及凉州之金城：雍州，治所在長安（今陝西西安市西北）。隴右，地區名，約當今甘肅省隴山、六盤山以西和黄河以東一帶。隴右五郡，略陽郡，治所在臨渭縣（今甘肅省天水市東北渭河北岸）。天水郡，東漢、三國魏治所在冀縣（今甘肅省甘谷縣東南），西晋治所在上邽縣（今甘肅省天水市）。南安郡，治所在獂道縣（今甘肅省隴西縣東南）。隴西郡，治所在狄道縣（今甘肅省臨洮縣）。武都郡，治所在下辨縣（今甘肅省成縣西）。凉州，東漢治所在隴縣（今甘肅省張家川回族自治縣），三國魏移治姑臧縣（今甘肅省武威市）。金城，郡名，治所在榆中縣（今甘肅省榆中縣西北黄河南岸）。　梁州：三國曹魏治所在沔陽縣（今陝西省勉縣東），西晋移治南鄭縣（今陝西省漢中市東）。　陰平：原本、宋本作“平陽”，殿本作“陽平”。按平陽在今山西境内，不在梁州。據中華本改作陰平。陰平，郡名，治所在陰平縣（今甘肅省文縣西白龍江北岸）。　秦州：治所在冀縣（今甘肅省甘谷縣東）。

[3]趙國：郡國名，治所在房子縣（今河北省高邑縣西南）。

[4]征東大將軍：官名，三國魏文帝黄初三年（222）置，職掌與征東將軍同，但位在其上，多統兵出鎮方面，都督數州軍事。不常置。二品，開府位從公者一品。　都督青州諸軍事：青州地區的最高軍政長官。

[5]鎮東大將軍：官名，三國魏置，職掌與鎮東將軍同，唯資歷深者得任此職，不常置。二品，開府位從公者一品。　都督徐州

諸軍事：徐州地區最高軍事行政長官。

[6]但：衹，僅僅。

[7]黜陟：人才的進退，官吏的升降。黜，貶降、罷退。陟，提拔、升遷。

[8]己未：中華本校勘記："二月所見干支有辛巳、壬寅、丁亥、己未。按：二月壬戌朔，辛巳爲二十日，丁亥爲二十六日；三月壬辰朔，壬寅爲十一日，己未爲二十八日。此處不見'三月'，且日序錯亂。"

[9]諸葛亮：三國時琅邪陽都（今山東省沂南縣南）人，字孔明。東漢末隨叔父諸葛玄依附荆州劉表，隱居躬耕於隆中。後加入劉備集團，協助劉備占領荆州、益州，實現三分之勢。劉備死後輔佐劉禪，南征南中，北伐曹魏，最終病逝於北伐前綫。　京：諸葛京，三國時琅邪陽都（今山東省沂南縣南）人，諸葛瞻之子，諸葛亮之孫，字行宗。蜀漢滅亡後任西晋郿縣令，官至江州刺史。　隨才署吏：根據才能任用屬下。屬，委任，任命。

[10]曲赦：特赦。《資治通鑑》卷八三《晋紀》惠帝永康元年引此文，胡三省注曰："不普赦天下，而獨赦洛陽，故曰曲赦。"　九真：郡名，西漢文帝時南越王趙佗置。漢武帝時爲漢郡，治所在胥浦縣（今越南社會主義共和國清化省清化市西北）。　日南：郡名，治所在西卷縣（今越南社會主義共和國廣治河與甘露河合流處）。

[11]奚官督：官名，奚官局長官爲奚官令，隸少府。鄴都則稱奚官督。《資治通鑑》卷七九《晋紀》武帝泰始五年胡三省注："少府有奚官令，凡男女没入者屬焉。魏以來鄴都又有奚官督。"

[12]屯留：縣名，西漢置。治所在今山西省長治市屯留區南。

[13]西平：郡名，治所在西都縣（今青海省西寧市）。　登聞鼓：帝王爲臣民諫議或冤情可直接上達，在朝堂外懸鼓，准許臣民擊鼓上聞。

[14]鎮軍將軍：官名，三國時始置，西晋罷又復置。位在鎮軍

大將軍下，與中軍將軍、撫軍將軍並爲三名號將軍，位比四鎮將軍。三品。

［15］讜言：正直之言，直言。《漢書》卷一〇〇上《叙傳上》："吾久不見班生，今日復聞讜言！"顏師古注："讜言，善言也。"

［16］紫宫：古人所劃天空星區。《魏書》卷九一《術藝·張淵傳》："睹紫宫之環周，嘉帝坐之獨標。"注曰："紫宫垣十五星在北斗北，天皇大帝一星在紫宫中，天帝位尊，故言獨標也。"

［17］汲郡：西晉始置，治所在汲縣（今河南衛輝市西南）。王宏：字正宗，本書卷九〇有傳。

［18］兆：司馬兆，字千秋，本書卷三八有傳。

［19］景度：司馬景，字景度，本書卷六四有傳。

六年春正月丁亥朔，帝臨軒，不設樂。吴將丁奉入渦口，[1]揚州刺史牽弘擊走之。[2]三月，赦五歲刑已下。夏四月，白龍二見於東莞。[3]五月，立壽安亭侯承爲南宫王。六月戊午，秦州刺史胡烈擊叛虜於萬斛堆，[4]力戰，死之。詔遣尚書石鑒行安西將軍、都督秦州諸軍事，[5]與奮威護軍田章討之。[6]秋七月丁酉，復隴右五郡遇寇害者租賦，[7]不能自存者廪貸之。乙巳，城陽王景度薨。詔曰："自泰始以來，大事皆撰録秘書，寫副。後有其事，輒宜綴集以爲常。"丁未，以汝陰王駿爲鎮西大將軍、都督雍凉二州諸軍事。[8]九月，大宛獻汗血馬，[9]焉耆來貢方物。[10]冬十一月，幸辟雍，[11]行鄉飲酒之禮，[12]賜太常博士、學生帛牛酒各有差。[13]立皇子柬爲汝南王。十二月，吴夏口督、前將軍孫秀帥衆來奔，[14]拜驃騎將軍、開府儀同三司，[15]封會稽公。戊辰，復置鎮軍官。

[1]渦口：即今安徽省懷遠縣東南渦河入淮河之口。

[2]揚州：三國魏、吴各置揚州，魏治所在壽春縣（今安徽省壽縣），吴治所在建業縣（今江蘇省南京市）。西晋統一後復合，治所在建鄴縣（今江蘇省南京市）。　牽弘：西晋人，歷任隴西太守、揚州刺史、凉州刺史，泰始七年（271）死於討伐北地胡的戰役中。

[3]東莞：郡名，東漢建安初置，治所在今山東省沂水縣東北。西晋元康間移治莒縣（今山東省莒縣）。

[4]萬斛堆：位於今甘肅省皋蘭縣東北黄河北岸。

[5]石鑒：字林伯，本書卷四四有傳。　行：兼職。　安西將軍：官名，東漢建安年間置，與安東、安南、安北將軍合稱四安將軍，爲出鎮某一地區的軍事長官，或作爲刺史等兼理軍務的加官，權任頗重。三品，加持節都督者二品。　都督秦州諸軍事：秦州地區軍政長官。

[6]奮威將軍：官名，爲雜號將軍。四品。

[7]復：免除賦役。《荀子·議兵》："中試，則復其户，利其田宅。"楊倞注："復其户，不徭役也。"

[8]鎮西大將軍：官名，三國魏置，職掌與鎮西將軍同，唯資歷深者得任此職，不常置。二品，開府位從公者一品。　都督雍凉二州諸軍事：上述二州地方軍政長官，三國魏黄初年間置，領駐在州刺史，兼理民政。無固定品級，多帶將軍名號。

[9]大宛：西域國名。在今烏兹别克斯坦共和國費爾干納盆地。都貴山城（今烏兹别克斯坦共和國卡散賽）。

[10]焉耆：又作烏耆國、烏纏國、烏夷國、阿耆尼國。本西域國，國都在員渠城（今新疆維吾爾自治區焉耆回族自治縣西南），西漢神爵二年（前60）後屬西域都護府。

[11]辟雍：西周天子所設大學。東漢以後，爲行鄉飲酒、大射或祭祀之禮的地方。漢班固《白虎通·辟雍》："天子立辟雍何？辟雍，所以行禮、樂宣德化也。辟者，璧也，象璧圓，以法天也。雍

者，壅之以水，象教化流行也。辟之言積也，積天下之道德；雍之爲言壅也，天下之儀則。故謂之辟雍也。”

[12]鄉飲酒：古代舉行的一種敬老儀式。《儀禮·鄉飲酒禮》賈公彦疏引漢鄭玄《三禮目録》：“諸侯之鄉大夫三年大比，獻賢者能者於其君，以禮賓之，與之飲酒。於五禮屬嘉禮。”

[13]太常博士：官名，秦漢時博士名義上屬太常，備諮詢顧問。魏晋時由於國子博士、太學博士專掌經學傳授，参議禮儀制度，遂别置太常博士，掌引導乘輿，擬議王公以下謚號，参議朝廷禮儀典章。六品。　學生：殿本無此二字。

[14]夏口督：官名，負責夏口軍事的長官。夏口，即沔口，位於今湖北省武漢市，漢江入長江之口。　孫秀：西晋吴郡富春（今浙江省杭州市富陽區）人，字彦才，孫權弟。歷任前將軍、夏口督等職。受孫皓猜疑，率全家投奔西晋，任驃騎將軍，封會稽公。

[15]開府儀同三司：官名，三國魏始置。爲大臣加號，意謂與太尉、司徒、司空三司待遇相同，許開設府署，任命僚屬。

七年春正月丙午，[1]皇太子冠，[2]賜王公以下帛各有差。匈奴帥劉猛叛出塞。[3]三月，孫皓帥衆趨壽陽。[4]遣大司馬望屯淮北以距之。[5]丙戌，[6]司空、鉅鹿公裴秀薨。癸巳，以中護軍王業爲尚書左僕射，[7]高陽王珪爲尚書右僕射。孫秀部將何崇帥衆五千人來降。夏四月，九真太守董元爲吴將虞氾所攻，軍敗，死之。北地胡寇金城，[8]凉州刺史牽弘討之。群虜内叛，圍弘於青山，弘軍敗，死之。五月，立皇子憲爲城陽王。雍、凉、秦三州饑，[9]赦其境内殊死以下。閏月，大雩，[10]太官減膳。詔交趾三郡、南中諸郡，無出今年户調。[11]六月，詔公卿以下舉將帥各一人。辛丑，大司馬義陽王望薨。

大雨霖，伊、洛、河溢，流居人四千餘家，殺三百餘人，有詔振貸給棺。秋七月癸酉，以車騎將軍賈充爲都督秦凉二州諸軍事。[12]吴將陶璜等圍交阯，[13]太守楊稷與鬱林太守毛炅及日南等三郡降於吴。[14]八月丙戌，以征東大將軍衞瓘爲征北大將軍、都督幽州諸軍事。[15]丙申，城陽王憲薨。[16]分益州之南中四郡置寧州，[17]曲赦四郡殊死以下。[18]冬十月丁丑，日有蝕之。十一月丁巳，衞公姬署薨。十二月，大雪。罷中領軍，并北軍中候。以光禄大夫鄭袤爲司空。[19]

[1]丙午：午，殿本作“子”。

[2]冠：冠禮，古代男子到成年則舉行加冠禮，叫作冠。一般在二十歲。《禮記·曲禮上》：“男子二十冠而字。”鄭玄注：“成人矣，敬其名。”

[3]劉猛：東漢末建安年間，曹操把入居塞内的匈奴分爲左右南北中五部，劉猛爲中部帥。後舉兵反叛，被李恪斬殺。

[4]孫皓：三國孫吴末代皇帝，字元宗，一名彭祖，字皓宗。天紀四年（280）吴滅降晋，賜號歸命侯。　壽陽：即壽春縣，秦置。治所在今安徽省壽縣東南。東晋時才改爲壽陽，此時應仍稱壽春。

[5]遣大司馬望屯淮北以距之：中華本此句話前爲逗號，應該用句號。因爲遣大司馬望屯淮北以拒之的主語是武帝，而“帥衆趨壽陽”的主語是孫皓。（參見萬久富《〈晋書〉點校劄記》，《南通師範學院學報》1999年第3期）

[6]丙戌：原本、宋本、殿本“丙戌”上有“三月”二字，因上文有三月，此删。

[7]王業：武陵（今湖南省常德市）人，後爲晋中護軍。

[8]北地：郡名，三國魏治所在祋祤城（今陝西省銅川市耀州區城東），西晉移治泥陽縣（今甘肅省寧縣東南）。

[9]涼：原本、宋本作“梁”，殿本作“涼”，據殿本改。

[10]大雩：古求雨祭名。《禮記·月令》：“大雩帝，用盛樂。”鄭玄注：“雩，吁嗟求雨之祭也。”

[11]調：古代賦稅。

[12]都督秦涼二州諸軍事：上述二州最高軍事行政長官。

[13]陶璜：三國孫吴人，歷任蒼梧太守、交州牧等職。

[14]鬱林：原本、宋本無“林”字，殿本有，據殿本補。

[15]征北大將軍：官名，職掌與征北將軍同，位在其上，多統兵出鎮一方，都督數州軍事。不常置。二品，開府位從公者一品。都督幽州諸軍事：幽州地區最高軍事行政長官。

[16]憲：司馬憲，武帝司馬炎子，徐才人所生，早死。

[17]益州：治所在成都縣（今四川省成都市）。　寧州：治所在滇池縣（今雲南省昆明市晋寧區晋城鎮）。

[18]曲赦四郡殊死以下：以，殿本作“已”。

[19]鄭袤：字林叔，本書卷四四有傳。

八年春正月，監軍何楨討匈奴劉猛，[1]累破之，[2]左部帥李恪殺猛而降。癸亥，帝耕于籍田。[3]二月乙亥，禁彫文綺組非法之物。[4]壬辰，太宰、安平王孚薨。詔内外群官舉任邊郡者各三人。帝與右將軍皇甫陶論事，[5]陶與帝争言，散騎常侍鄭徽表請罪之。帝曰：“讜言謇諤，所望於左右也。人主常以阿媚爲患，豈以争臣爲損哉！徽越職妄奏，豈朕之意。”遂免徽官。夏四月，置後將軍，[6]以備四軍。六月，益州牙門張弘誣其刺史皇甫晏反，[7]殺之，傳首京師。弘坐伏誅，夷三族。壬辰，大赦。丙申，詔復隴右四郡遇寇害者田租。秋七月，以車騎將軍賈充爲司空。九月，吴西陵督步闡來降，[8]拜衛將軍、開府儀同三司，封宜都公。吴將陸抗攻闡，[9]遣車騎將軍羊祜帥衆出江陵，[10]荆州刺史楊肇迎闡於西陵，[11]巴東監軍徐胤擊建平以救闡。[12]冬十月辛未朔，日有蝕之。十二月，肇攻抗，不克而還。闡城陷，爲抗所禽。

[1]監軍：官名，出征所置官員，掌監視將帥，權勢頗重。四品。

[2]累破之：累，殿本作“屢”。

[3]綺組：絲綢的綬帶。

[4]籍田：籍，殿本作“耤”。本卷下文“籍田”同。

[5]皇甫陶：西晋人，歷任散騎常侍、諫官，掌諫職。因與傅玄不和，被免官。

[6]後將軍：官名，漢代爲重號將軍之一，與前、左、右將軍並爲上卿。魏晋時權位漸低，略高於一般雜號將軍。三品。

[7]牙門：官名，即牙門將之簡稱，三國魏晋南北朝皆置，統兵武職，位在裨將軍下、郡守上。五品。

[8]西陵：縣名，治所在今湖北省宜昌市。　步闡：三國時臨淮淮陰（今江蘇省淮安市淮陰區西南）人，孫吴將領步騭之子，歷任昭武將軍、繞帳督、西陵督等職。因懷疑朝廷欲加害於己而投降西晋。後被陸抗攻殺。

[9]陸抗：三國時吴郡吴縣（今江蘇省蘇州市）人，字幼節。陸遜子。以鎮軍大將軍都督信陵、西陵、夷道、樂鄉、公安諸軍事。與西晋荆州都督羊祜互通使節，各保分界。

[10]江陵：縣名，治所在今湖北省江陵縣。

[11]楊肇：西晋人，任荆州刺史。孫吴西陵督步闡據城降魏，

被陸抗征討。楊肇因營救步闡不利，被免爲庶人。

[12]巴東：郡名，東漢建安六年（201）以固陵郡改名，治所在魚復縣（今重慶市奉節縣東）。

九年春正月辛酉，司空、密陵侯鄭袤薨。二月癸巳，司徒、樂陵公石苞薨。立安平亭侯隆爲安平王。三月，立皇子祇爲東海王。夏四月戊辰朔，日有蝕之。五月，旱。以太保何曾領司徒。六月乙未，東海王祇薨。秋七月丁酉朔，日有蝕之。吴將魯淑圍弋陽，[1]征虜將軍王渾擊敗之。[2]罷五官左右中郎將、弘訓太僕、衛尉、大長秋等官。[3]鮮卑寇廣寧，[4]殺略五千人。詔娉公卿以下子女以備六宫，采擇未畢，權禁斷婚姻。冬十月辛巳，制女年十七父母不嫁者，使長吏配之。十一月丁酉，臨宣武觀大閲諸軍，甲辰乃罷。

[1]弋陽：郡名，治所在弋陽縣（今河南省潢川縣西）。

[2]征虜將軍：既是武官名，也作爲高級文職官員的加官。三品。　王渾：字玄冲，本書卷四二有傳。

[3]五官左右中郎將：五官中郎將，官名，西漢隸屬光禄勛。東漢時統部份侍郎、郎中。東漢初年或參與戰事。東漢末由於曹操之子曹丕任此職，地位上升，在魏諸臣之上。晋沿漢制，在光禄勛下置五官、左、右三中郎將，爲皇帝近侍之官。　弘訓太僕：官名，爲司馬師羊皇后弘訓宫三卿之一，掌太后宫車馬，職比太僕。三品。太，殿本作“大”。　衛尉：官名，此處衛尉爲弘訓衛尉，爲羊太后弘訓宫三卿之一，掌太后宫禁，位略同於九卿之衛尉。　大長秋：官名，宣達皇后旨意，領受皇帝詔命。魏晋南北朝時領諸宦者，管理宫闈。三品。

[4]鮮卑：我國古代北方少數民族，有拓拔、宇文、慕容、秃髮、乞伏、段諸部。此指慕容部。　廣寧：縣名，治所在今河北省張家口市。

十年春正月辛亥，帝耕于籍田。閏月癸酉，太傅、壽光公鄭冲薨。己卯，高陽王珪薨。庚辰，太原王瓌薨。丁亥，詔曰："嫡庶之别，所以辨上下，明貴賤。而近世以來，多皆内寵，登妃后之職，亂尊卑之序。自今以後，皆不得登用妾媵以爲嫡正。"[1]二月，分幽州五郡置平州。[2]三月癸亥，日有蝕之。夏四月己未，太尉、臨淮公荀顗薨。六月癸巳，臨聽訟觀録囚徒，多所原遣。是夏，大蝗。秋七月丙寅，皇后楊氏崩。壬午，吴平虜將軍孟泰、偏將軍王嗣等帥衆降。[3]八月，凉州虜寇金城諸郡，[4]鎮西將軍、汝陰王駿討之，斬其帥乞文泥等。戊申，葬元皇后于峻陽陵。九月癸亥，以大將軍陳騫爲太尉。[5]攻拔吴枳里城，[6]獲吴立信校尉莊祐。[7]吴將孫遵、李承帥衆寇江夏，太守嵇喜擊破之。[8]立河橋于富平津。[9]冬十一月，立城東七里澗石橋。[10]庚午，帝臨宣武觀，大閲諸軍。十二月，有星孛于軫。置籍田令。[11]立太原王子緝爲高陽王。吴威北將軍嚴聰、揚威將軍嚴整、偏將軍朱買來降。[12]是歲，鑿陜南山，决河，東注洛，以通運漕。

[1]妾媵：古代諸侯貴族女子出嫁，以姪娣从嫁，稱媵。後因以"妾媵"泛指侍妾。

[2]幽州五郡：幽州，治所在薊縣（今北京市西南）。所分五

郡爲：昌黎郡，治所在昌黎縣（今遼寧省義縣）。樂浪郡，治所在朝鮮縣（今朝鮮民主主義共和國平壤市）。玄菟郡，東漢時治所在高句麗縣（今遼寧省瀋陽市東）。遼東郡，治所在襄平縣（今遼寧省遼陽市）。帶方郡，東漢治所在帶方縣（今朝鮮民主主義共和國文石井土城），西晋治所在棘城（今遼寧省義縣北）。　平州：治所在襄平縣（今遼寧省遼陽市）。

［3］平虜將軍：官名，領軍武職，根據軍事行動而置。　偏將軍：官名，主將之副，在雜號將軍中地位較低。八品。

［4］金城諸郡：郡，殿本作“部”。

［5］大將軍：官名，高級軍事統帥。曹魏時多以之屯駐長安，對付蜀漢，蜀漢以其爲最高軍事長官，孫吴則別置上大將軍居其上。西晋時爲八公之一，位居上公、大司馬下，三公之上。東晋時常專擅軍政事務。一品。

［6］枳里城：具體位置不詳。本書卷三五《陳騫傳》載，陳騫“攻拔吴枳里城，破涂中屯戍”，涂中即今安徽、江蘇境内的滁河流域，枳里城當在此範圍内。

［7］立信校尉：官名，三國孫吴置武職。

［8］嵇喜：《世説新語·簡傲》注引《百官名》：“嵇喜，字公穆，歷揚州刺史，康兄也。阮籍遭喪，往吊之。籍能爲青白眼，見凡俗之士，以白眼對之。及喜往，籍不哭，見其白眼，喜不懌而退。康聞之，乃賫酒挾琴而造之，遂相與善。”

［9］河橋：位於今河南省孟州市西南、洛陽市孟津區東北黄河上。　富平津：位於今河南省孟州市西南。

［10］七里澗：水名，西承魏晋洛陽城東，經今河南省偃師市南，東注洛河。

［11］藉田令：官名，負責皇帝藉田事務的長官。

［12］威北將軍：官名，三國孫吴置武職，領兵。　揚威將軍：官名，雜號將軍，領兵。四品。

咸寧元年春正月戊午朔，大赦，改元。二月，以將士應已娶者多，家有五女者給復。辛酉，[1]以故鄴令夏諟有清稱，賜穀百斛。以奉禄薄，賜公卿以下帛有差。叛虜樹機能送質請降。[2]夏五月，下邳、廣陵大風，[3]拔木，壞廬舍。六月，鮮卑力微遣子來獻。[4]吴人寇江夏。西域戊己校尉馬循討叛鮮卑，[5]破之，斬其渠帥。戊申，置太子詹事官。[6]秋七月甲申晦，日有蝕之。郡國螟。[7]八月壬寅，沛王子文薨。以故太傅鄭冲、太尉荀顗、司徒石苞、司空裴秀、驃騎將軍王沉、安平獻王孚等及太保何曾、司空賈充、太尉陳騫、中書監荀勖、平南將軍羊祜、齊王攸等皆列於銘饗。[8]九月甲子，青州螟，徐州大水。冬十月乙酉，常山王殷薨。癸巳，彭城王權薨。十一月癸亥，大閲於宣武觀，至于己巳。十二月丁亥，追尊宣帝廟曰高祖，景帝曰世宗，文帝曰太祖。是月大疫，洛陽死者太半。[9]封裴頠爲鉅鹿公。[10]

[1]辛酉：中華本校勘記："二月丁亥朔，無辛酉。"

[2]樹機能：河西鮮卑，秃髮壽闐之孫，壯果多謀略。泰始中，殺秦州刺史胡烈於萬斛堆，敗凉州刺史蘇愉於金山，盡有凉州之地。後爲馬隆所敗，爲部下所殺。

[3]下邳：郡國名，治所在下邳縣（今江蘇省睢寧縣古邳鎮東）。　廣陵：郡名，三國時治淮陰縣（今江蘇省淮安市淮陰區甘羅城），東晉治所在廣陵縣（今江蘇省揚州市西北蜀岡上）。

[4]鮮卑：古代少數民族。此爲拓拔鮮卑，從大興安嶺林中遷徙至大漠草原，後進入中原建立北魏朝。　力微：魏晉時鮮卑拓跋部首領，拓拔詰汾次子。曹魏甘露三年（258）率部遷移至盛樂城（今内蒙古自治區和林格爾西北）。北魏建立後，尊爲始祖，謚神元

皇帝。

[5]西域：古代對玉門關以西地區的總稱。狹義西域指葱嶺以東、玉門關以西地區，廣義則指通過狹義西域所能到達的地區。　戊己校尉：管理西域事務的長官。魏晋時期治所在高昌。四品。

[6]太子詹事：官名，東宫屬官，掌管東宫内外事務。兩晋南北朝東宫地位極重，官署齊備，擬於朝廷。太子詹事任總宫官，堪比朝廷之尚書令、領軍將軍，位權甚重。三品。

[7]螟：螟蛾的幼虫，一种蛀食稻心的害虫。此指蟲灾。

[8]中書監：官名，中書省長官之一。三國魏文帝初年分秘書置中書省，長官爲中書監、中書令。掌收納奏章、草擬詔令。平常不分高下，入朝時監略高於令。三品。　平南將軍：官名，與平東、平西、平北將軍合稱四平將軍。多持節都督或監某一地區的軍事，有時作爲刺史等地方官員監理軍務的加官。三品，加持節都督者二品。　銘饗：列名享受祭祀。

[9]太半：大半。

[10]裴頠：字逸民，本書卷三五有傳。

二年春正月，以疾疫廢朝。賜諸散吏至于士卒絲各有差。二月丙戌，河間王洪薨。甲午，赦五歲刑以下。東夷八國歸化。[1]并州虜犯塞，[2]監并州諸軍事胡奮擊破之。[3]初，燉煌太守尹璩卒，[4]州以燉煌令梁澄領太守事，議郎令狐豐廢澄，自領郡事。豐死，弟宏代之。至是，凉州刺史楊欣斬宏，[5]傳首洛陽。先是，帝不豫，及瘳，群臣上壽。詔曰："每念頃遇疫氣死亡，爲之愴然。豈以一身之休息，忘百姓之艱邪？諸上禮者皆絶之。"夏五月，鎮西大將軍、汝陰王駿討北胡，斬其渠帥吐敦。立國子學。[6]庚午，大雩。六月癸丑，[7]薦荔支于太廟。[8]甲戌，[9]有星孛于氐。[10]自春旱，至于是月始雨。吴京下督孫楷帥衆來降，[11]以爲車騎將軍，封丹楊侯。[12]白龍二見于新興井中。[13]秋七月，有星孛于大角。[14]吴臨平湖自漢末壅塞，[15]至是自開。父老相傳云："此湖塞，天下亂；此湖開，天下平。"癸丑，安平王隆薨。東夷十七國内附。河南、魏郡暴水，[16]殺百餘人，詔給棺。鮮卑阿羅多等寇邊，西域戊己校尉馬循討之，斬首四千餘級，獲生九千餘人，於是來降。八月庚辰，河東、平陽地震。[17]己亥，以太保何曾爲太傅，太尉陳騫爲大司馬，司空賈充爲太尉，鎮軍大將軍齊王攸爲司空。[18]有星孛于太微，[19]九月又孛于翼。[20]丁未，[21]起太倉於城東，[22]常平倉於東西市。[23]閏月，荆州五郡水，流四千餘家。冬十月，以汝陰王駿爲征西大將軍，[24]平南將軍羊祜爲征南大將軍。[25]丁卯，立皇后楊氏，大赦，賜王公以下及于鰥寡各有差。十一月，白龍二見于梁國。[26]十二月，徵處士安定皇甫謐爲太子中庶子，[27]封后父鎮軍將軍楊駿爲臨晋侯。[28]是月，以平州刺史傅詢、前廣平太守孟桓清白有聞，[29]詢賜帛二百匹，桓百匹。

[1]東夷：泛指東北各族。

[2]并州：治所在晋陽縣（今山西省太原市西南）。

[3]監并州諸軍事：并州地區軍事行政長官，地位低於都督。胡奮：字玄威，本書卷五七有傳。

[4]燉煌：郡名，亦作敦煌，治所在燉煌縣（今甘肅省敦煌市西）。

［5］楊欣：西晋人，任金城太守、凉州刺史。死於武威征討若羅拔能戰鬥中。

［6］國子學：中央立最高儒學學府，隸屬太常，設國子祭酒、博士、助教。收納貴族子弟。

［7］癸丑：中華本校勘記："六月庚辰朔，無癸丑。"

［8］荔支：支，殿本作"枝"。

［9］甲戌：中華本校勘記："六月庚辰朔，無甲戌。"

［10］有星孛于氐：星孛，彗星。《春秋左傳·文公十四年》："秋，七月，有星孛入於北斗。"杜預注："孛，彗也。"氐，星宿名。二十八宿之一，東方蒼龍七宿的第三宿。有星四顆。也稱天根。

［11］京下督：官名，孫吴所置，負責京城防務。　孫楷：三國孫吴人，任宗正、京下督。降晋後甚受優待。

［12］丹楊侯：楊，殿本作"陽"。

［13］新興：郡名，治所在今湖北省鄖西縣西。

［14］大角：星名。北天的橙色亮星，屬亢宿。

［15］臨平湖：位於今浙江省餘杭區。

［16］河南：郡名，治所在洛陽縣（今河南省洛陽市東北）。魏郡：治所在鄴縣（今河北省臨漳縣西南）。

［17］河東：郡名，治所在安邑縣（今山西省夏縣西北）。　平陽：郡名，治所在平陽縣（今山西省臨汾市西南）。

［18］鎮軍大將軍：官名，高級軍事長官，權任甚重。兩晋二品，開府位從公者一品。

［19］太微：古代星宫名。三垣之一。位於北斗之南，軫、翼之北，大角之西，軒轅之東。

［20］翼：星宿名。二十八宿之一。南方朱鳥七宿中的第六宿，凡二十二星。

［21］丁未：中華本校勘記："九月戊申朔，無丁未。"

［22］太倉：設於京城的積穀倉。太，殿本作"大"。

[23]常平倉：官府爲調節糧價、儲備糧荒所設置的糧倉。

[24]征西大將軍：官名，屬將軍名號，多授予統兵出鎮在外，都督數州諸軍事者。位在征西將軍之上。二品，開府位從公者一品。

[25]征南大將軍：官名，屬將軍名號，多授予統兵出鎮在外，都督數州諸軍事者。位在征南將軍之上。二品，開府位從公者一品。

[26]梁國：郡國名，治所在睢陽縣（今河南省商丘市）。

[27]處士：閑居不仕之人。　安定：郡名，西漢置，治所在高平縣（今寧夏回族自治區固原市），東漢治所在臨涇縣（今甘肅省鎮原縣東南），東晉改治安定縣（今甘肅省涇川縣北）。　皇甫謐：字士安，本書卷五一有傳。　太子中庶子：官名，太子侍從，掌侍從、奏事、諫議等。五品。

[28]楊駿：字文長，本書卷四〇有傳。

[29]廣平：郡名，治所在曲梁侯國（今河北省邯鄲市永年區東南）。

三年春正月丙子朔，日有蝕之。立皇子裕爲始平王，[1]安平穆王隆弟敦爲安平王。詔曰："宗室戚屬，國之枝葉，欲令奉率德義，爲天下式。然處富貴而能慎行者寡，召穆公糾合兄弟而賦《棠棣》之詩，[2]此姬氏所以本枝百世也。[3]今以衛將軍、扶風王亮爲宗師，[4]所當施行，皆諮之於宗師也。"庚寅，始平王裕薨。有星孛于西方。使征北大將軍衛瓘討鮮卑力微。三月，平虜護軍文淑討叛虜樹機能等，[5]並破之。[6]有星孛于胃。[7]乙未，帝將射雉，慮損麥苗而止。夏五月戊子，吴將邵凱、夏詳帥衆七千餘人來降。[8]六月，益、梁八郡水，殺三百餘人，没邸閣别倉。[9]秋七月，以都督豫州諸軍事王渾爲都督揚州諸軍事。[10]中山王睦以罪廢爲丹水侯。八月癸亥，徙扶風王亮爲汝南王，東莞王伷爲琅邪王，汝陰王駿爲扶風王，琅邪王倫爲趙王，渤海王輔爲太原王，太原王顒爲河間王，[11]北海王陵爲任城王，陳王斌爲西河王，汝南王柬爲南陽王，[12]濟南王耽爲中山王，[13]河間王威爲章武王。[14]立皇子瑋爲始平王，[15]允爲濮陽王，[16]該爲新都王，[17]遐爲清河王，[18]鉅平侯羊祜爲南城侯。以汝南王亮爲鎮南大將軍。[19]大風拔樹，暴寒且冰，[20]郡國五隕霜，傷穀。九月戊子，以左將軍胡奮爲都督江北諸軍事。[21]兖、豫、徐、青、荆、益、梁七州大水，傷秋稼，詔振給之。立齊王子蕤爲遼東王，[22]贊爲廣漢王。[23]冬十一月丙戌，帝臨宣武觀大閲，至于壬辰。十二月，吴將孫慎入江夏、汝南，[24]略千餘家而去。是歲，西北雜虜及鮮卑、匈奴、五溪蠻夷、東夷三國前後十餘輩，[25]各帥種人部落内附。

[1]裕：司馬裕，字濬度，本書卷六四有傳。

[2]召穆公：《史記》卷三四《燕召公世家》裴駰集解："至宣王時，召穆公虎其後也。"　《棠棣》之詩：《詩經·小雅·常棣》孔穎達疏："此《常棣》是取兄弟相親之詩。至厲王之時，棄其宗族，又使兄弟之恩疏。召穆公爲是之故，又重述此詩，而歌以親之。《外傳》云：'周文公之詩曰："兄弟鬩於墻，外禦其侮。"'則此詩自是成王之時，周公所作，以親兄弟也。但召穆公見厲王之時，兄弟恩疏，重歌此周公所作之詩以親之耳，故鄭答趙商云：'凡賦詩者，或造篇，或誦古。'所云誦古，指此召穆公所作誦古之

篇，非造之也。”棠，原本、宋本、殿本作“棠”，中華本作“唐”。

[3]本枝百世：枝，殿本作“支”。

[4]宗師：官名，總領皇家宗室事務，訓導觀察宗親，有不遵禮法者，小者自行處理，大者隨事奏聞。

[5]平虜護軍：官名，三國魏、吴及西晋皆置。時常隨征伐目的，置諸雜號護軍，如征蜀護軍、平虜護軍、揚威護軍等，職如將軍，而地位稍遜同號將軍，資歷稍淺之統帥常授此。五品。　文淑：中華本校勘記：周家禄《晋書校勘記》：“扶風王駿、東安王繇《傳》並作‘文俶’。按：《魏志·諸葛誕傳》作‘文鴦’，《注》引《晋諸公贊》又作‘文俶’。裴松之云鴦一名俶。”

[6]並破之：殿本無“並”字。

[7]胃：星宿名。二十八宿之一。西方白虎七宿的第三宿。

[8]吴將邵凱：中華本校勘記：《晋書斠注》：“《羊祜傳》‘凱’作‘顗’。按：《通鑑》八〇同《祜傳》。”　夏詳：詳，原本、宋本卷三本處、卷三四均作“詳”；殿本、中華本卷三本處作“祥”，卷三四復作“詳”，中華本並於卷尾出校勘記。

[9]邸閣：倉儲治所。

[10]都督豫州諸軍事：地方軍事長官，掌豫州地區軍政大權。都督揚州諸軍事：地方軍事長官，掌揚州地區軍政大權。

[11]顒：司馬顒，字文載，本書卷五九有傳。

[12]柬：司馬柬，字弘度，本書卷六四有傳。

[13]耽：司馬耽，濟南王司馬遂之子，司馬懿之孫。

[14]威：司馬威，河間王司馬洪之子，封章武王，後出繼義陽王司馬望。

[15]瑋：司馬瑋，字彦度，本書卷五九有傳。

[16]允：司馬允，字欽度，本書卷六四有傳。

[17]該：司馬該，字玄度，本書卷六四有傳。

[18]遐：司馬遐，字深度，本書卷六四有傳。

［19］鎮南大將軍：官名，三國魏置，職掌與鎮南將軍同，唯資歷深者得任此職，不常置。二品，開府位從公者一品。

［20］大風拔樹，暴寒且冰：中華本校勘記：“《拾補》：‘《五行志》云河間，此上疑脱二字。’按：《宋書·五行志》五亦有‘河間’。”

［21］左將軍：官名，漢代爲重號將軍，與前、後、右將軍並爲上卿。魏晋時爲常設官職，權位較兩漢漸低，僅爲武官名號，略高於一般雜號將軍，不典禁兵。三品。　都督江北諸軍事：江北地區最高軍政長官。

［22］蕤：司馬蕤，字景回，本書卷三八有傳。

［23］贊：司馬贊，字景期，本書卷三八有傳。

［24］汝南：郡名，治所在新息縣（今河南省息縣西南）。

［25］五溪蠻：南方沅水上游地區少數民族。其地包括今湖南西部、貴州東部、湖北西部一帶，因有雄溪、樠溪、辰溪、酉溪、午溪五條溪流縱貫其間，故名。

四月春正月庚午朔，日有蝕之。三月甲申，尚書左僕射盧欽卒。[1]辛酉，以尚書右僕射山濤爲尚書左僕射。[2]東夷六國來獻。夏四月，蚩尤旗見於東井。[3]六月丁未，陰平、廣武地震，[4]甲子又震。涼州刺史楊欣與虜若羅拔能等戰于武威，[5]敗績，死之。弘訓皇后羊氏崩。秋七月己丑，祔葬景獻皇后羊氏于峻平陵。庚寅，高陽王緝薨。[6]癸巳，范陽王綏薨。荆、揚郡國二十皆大水。九月，以太傅何曾爲太宰。辛巳，以尚書令李胤爲司徒。[7]冬十月，以征北大將軍衛瓘爲尚書令。揚州刺史應綽伐吴皖城，[8]斬首五千級，焚穀米百八十萬斛。十一月辛巳，太醫司馬程據獻雉頭裘，[9]帝以奇技異服典禮所禁，焚之于殿前。甲申，敕内外敢有犯者罪之。吴昭武將軍劉翻、厲武將軍祖始來降。[10]辛卯，以尚書杜預都督荆州諸軍事。[11]征南大將軍羊祜卒。十二月乙未，西河王斌薨。丁未，太宰、朗陵公何曾薨。[12]是歲，東夷九國内附。

[1]盧欽：字子若，本書卷四四有傳。

[2]山濤：字巨源，本書卷四三有傳。

[3]蚩尤旗：彗星名。古代以爲此星出，主有征伐之事。《吕氏春秋·明理》："有其狀若衆植華以長，黄上白下，其名蚩尤之旗。"本書卷一二《天文志中》：妖星"六曰蚩尤旗，類彗而後曲，象旗"。　東井：星宿名。即井宿，二十八宿之一。因在玉井之東，故稱。

[4]廣武：縣名，治所在今山西省代縣西南。

[5]武威：縣名，治所在今甘肅省民勤縣東北。

[6]緝：司馬緝，濟南王司馬遂之子。成都王司馬穎以之爲建威將軍，與石熙等率衆距王浚，没於陣。

[7]李胤：字宣伯，本書卷四四有傳。

[8]皖城：又名皖公城，位於今安徽省潜山市。

[9]太醫司馬：官名，掌宫廷醫務，地位與太醫令相當。　程據：先任太醫司馬，後任太醫令。賈后當政時，與之亂彰内外。曾爲賈后配巴豆杏子丸，謀害惠帝太子司馬遹。

[10]昭武將軍：官名，雜號將軍中權任較重，魏、吴、西晋均置。五品。　厲武將軍：官名，三國孫吴所置武職。

[11]杜預：字元凱，本書卷三四有傳。　都督荆州諸軍事：荆州地區最高軍政長官。

[12]何曾：曾，原本、宋本作"鲁"，殿本作"曾"，據殿本改。

五年春正月，虜帥樹機能攻陷凉州。乙丑，使討虜護軍、武威太守馬隆擊之。[1]二月甲午，白麟見于平原。[2]三月，匈奴都督拔弈虛帥部落歸化。乙亥，以百姓饑饉，減御膳之半。有星孛于柳。[3]夏四月，又孛于女御。[4]大赦，降除部曲督以下質任。丁亥，郡國八雨雹，[5]傷秋稼，壞百姓廬舍。秋七月，有星孛于紫宫。九月甲午，麟見于河南。冬十月戊寅，匈奴餘渠都督獨雍等帥部落歸化。汲郡人不準掘魏襄王冢，[6]得竹簡小篆古書十餘萬言，藏于秘府。[7]十一月，大舉伐吴，遣鎮軍將軍、琅邪王伷出涂中，[8]安東將軍王渾出江西，[9]建威將軍王戎出武昌，[10]平南將軍胡奮出夏口，鎮南大將軍杜預出江陵，龍驤將軍王濬、廣武將軍唐彬率巴蜀之卒浮江而下，[11]東西凡二十餘萬。以太尉賈充爲大都督，[12]行冠軍將軍楊濟爲副，[13]總統衆軍。十二月，馬隆擊叛虜樹機能，大破，斬之，凉州平。肅慎來獻楛矢石砮。[14]

[1]討虜護軍：官名，西晋置於西北地區，統兵，多由郡守兼任。魏晋時常隨征伐目的，置諸雜號，如征蜀護軍、平虜護軍、揚威護軍等，職如將軍，而地位稍遜同號將軍，資歷稍淺之統帥常授此。五品。　馬隆：字孝興，本書卷五七有傳。

[2]平原：郡國名，治所在平原縣（今山東省平原縣西南）。

[3]柳：星宿名。二十八宿之一。南方朱雀七宿的第三宿。

[4]女：星宿名。也稱須女、婺女，爲二十八宿之一。　御：近旁，旁邊。

[5]丁亥，郡國八雨雹：中華本校勘記："據本書《五行志》

下，此爲五、六月間事，疑紀脱月。”

［6］汲郡人不準掘魏襄王冢：中華本校勘記：“《衞恒傳》、杜預《春秋左氏經傳集解後序》正義引王隱《晋書·束皙傳》作太康元年，《束皙傳》、荀勖《穆天子傳序》作太康二年。雷學淇《竹書紀年考證》云：‘竹書發于咸寧五年十月，《帝紀》之説，録其實也。就官收以後上於帝京時言，故曰太康元年，《束皙傳》云二年，或命官校理之歲也。’又‘魏襄王’，王隱《晋書·束皙傳》作‘魏安釐王’。”魏襄王，戰國時魏國國君，魏惠王之子，姬姓，名嗣。公元前318至前296年在位。

［7］秘府：宫中收藏圖書之所。

［8］遣鎮軍將軍、琅邪王伷出涂中：中華本校勘記：周家禄《晋書校勘記》：“鎮軍將軍，當作鎮東大將軍，據泰始五年、太康三年及本傳文知之。”“按：周説當是，《吴志·孫皓傳》亦作‘鎮東大將軍司馬伷’，此時鎮軍爲司馬攸，與伷無涉。”涂中，即今安徽、江蘇境内的滁河流域。

［9］江西：隋唐以前人們對長江下游北岸、淮水以南地區的稱呼。

［10］建威將軍：官名，領兵征戰，曹魏、孫吴、西晋皆置。四品。　王戎：字濬冲，本書卷四三有傳。　武昌：郡名，治所在武昌縣（今湖北省鄂州市鄂城區）。

［11］龍驤將軍：官名，高級軍事將領。三品。　王濬：字士治，本書卷四二有傳。　廣武將軍：官名，曹魏、西晋皆置。名號將軍中地位較高。四品。　唐彬：字儒宗，本書卷四二有傳。

［12］大都督：官名，高級軍事長官。三國初作爲加官於戰時臨時設置，後逐漸成爲常設加官官職，地位極高。

［13］行冠軍將軍：兼冠軍將軍。行，兼攝官職。冠軍將軍，官名，曹魏、孫吴、西晋皆置。西晋時領營兵。三品。　楊濟：西晋人，楊駿弟，字文通，本書卷四〇有傳。

［14］肅慎：古族名，亦作息慎、稷慎，分佈在今長白山北，東

濱日本海，西近嫩江，北達黑龍江以北的廣大地區。　楛（kǔ）矢：以楛木做杆的箭。　石砮：石制的箭頭。《國語·魯語下》："仲尼在陳，有隼集於陳侯之庭而死，楛矢貫之，石砮，其長尺有咫。"韋昭注："砮，鏃也，以石爲之。"

太康元年春正月己丑朔，五色氣冠日。[1]癸丑，王渾克吴尋陽、賴鄉諸城，[2]獲吴武威將軍周興。[3]二月戊午，王濬、唐彬等克丹陽城。[4]庚申，又克西陵，殺西陵都督、鎮軍將軍留憲，[5]征南將軍成璩，[6]西陵監鄭廣。[7]壬戌，濬又克夷道樂鄉城，[8]殺夷道監陸晏、水軍都督陸景。[9]甲戌，杜預克江陵，斬吴江陵督伍延；[10]平南將軍胡奮克江安。[11]於是諸軍並進，樂鄉、荆門諸戍相次來降。[12]乙亥，以濬爲都督益梁二州諸軍事，復下詔曰："濬、彬東下，掃除巴丘，[13]與胡奮、王戎共平夏口、武昌，順流長騖，直造秣陵，[14]與奮、戎審量其宜。杜預當鎮静零、桂，[15]懷輯衡陽。[16]大兵既過，荆州南境固當傳檄而定，預當分萬人給濬，七千給彬。夏口既平，奮宜以七千人給濬。武昌既了，戎當以六千人增彬。太尉充移屯項，[17]總督諸方。"濬進破夏口、武昌，遂泛舟東下，所至皆平。王渾、周浚與吴丞相張悌戰于版橋，[18]大敗之，斬悌及其將孫震、沈瑩，[19]傳首洛陽。孫皓窮蹙請降，送璽綬於琅邪王伷。

[1]五色氣冠日：五色雲氣遮住太陽。冠，覆蓋，遮住。

[2]尋陽：縣名，治所在今湖北省黄梅縣西南。　賴鄉：地名，在今江蘇省南京市南。

［3］武威將軍：官名，統兵出征。東漢建安初置，西晋沿置。武威，殿本作“威武”。

［4］丹陽城：即丹楊城，位於今湖北省秭歸縣。

［5］鎮軍將軍留憲：中華本校勘記：《晋書斠注》：“《王濬傳》‘鎮軍’作‘鎮南’。”“按：本書《杜預傳》、《册府元龜》三五〇‘留憲’作‘劉憲’。”

［6］征南將軍：官名，與征東、征西、征北將軍合稱四征將軍。三國魏蜀吴、兩晋皆置，出鎮方面，地位顯要。三品，加持節都督者二品。

［7］西陵監：監理西陵軍政事務的長官。

［8］夷道：縣名，治所在今湖北省宜昌市枝江市。　樂鄉城：三國吴陸抗築，位於今湖北省松滋市東北長江南岸。

［9］夷道監：監理夷道軍政事務的長官。　陸晏：三國時吴郡吴縣（今江蘇省蘇州市）人，陸抗之子，任裨將軍、夷道監。　水軍都督：都統水軍的長官。　陸景：字士仁，陸晏弟。以尚公主拜騎都尉，封毗陵侯。拜偏將軍、中夏督。澡身好學，著書數十篇。

［10］江陵督：統管江陵軍政事務的長官。　伍延：伍，原本作“五”，宋本、殿本作“王”，據中華本校勘記改。

［11］江安：縣名，治所在今湖北省公安縣西北。

［12］荆門：地名，在今湖北省宜昌市枝江市西北長江邊。

［13］巴丘：一名巴陵，又名天岳山，位於今湖南省岳陽市西南。

［14］秣陵：縣名，東漢建安十七年（212）孫權改名建業縣，治所在今江蘇省南京市。

［15］零：零陵郡，西漢置，治所在零陵縣（今廣西壯族自治區全州縣西南），東漢至晋治所在泉陵縣（今湖南省永州市）。　桂：桂陽郡，治所在郴縣（今湖南省郴州市）。

［16］衡陽：郡名，治所在湘南縣（今湖南省湘潭市西南）。

［17］項：縣名，治所在今河南省沈丘縣。

[18]周浚：字開林，本書卷六一有傳。　張悌：字巨先，襄陽（今湖北省襄陽市）人，歷任孫吴屯騎校尉、丞相、軍師。版橋兵敗爲晋軍所殺。　版橋：位於今安徽省和縣境内長江西岸。

[19]孫震：孫吴宗室，孫賁之孫，任無難督、大將軍，與張悌俱爲晋軍所殺。　沈瑩：孫吴丹楊太守，版橋兵敗被殺。

三月壬寅，[1]王濬以舟師至于建鄴之石頭，[2]孫皓大懼，面縛輿櫬，[3]降于軍門。濬杖節解縛焚櫬，送于京都。收其圖籍，克州四，[4]郡四十三，縣三百一十三，户五十二萬三千，吏三萬二千，[5]兵二十三萬，男女口二百三十萬。其牧守已下皆因吴所置，除其苛政，示之簡易，吴人大悦。乙酉，[6]大赦，改元，大酺五日，恤孤老困窮。夏四月，河東、高平雨雹，[7]傷秋稼。遣兼侍中張側、黄門侍郎朱震分使揚越，[8]慰其初附。白麟見于頓丘。[9]三河、魏郡、弘農雨雹，[10]傷宿麥。五月辛亥，[11]封孫皓爲歸命侯，拜其太子爲中郎，[12]諸子爲郎中。[13]吴之舊望，隨才擢叙。孫氏大將戰亡之家徙於壽陽，將吏渡江復十年，百姓及百工復二十年。丙寅，[14]帝臨軒大會，引皓升殿，群臣咸稱萬歲。丁卯，薦酃渌酒于太廟。[15]郡國大雹，[16]傷秋稼。庚午，詔諸士卒年六十以上罷歸于家。庚辰，以王濬爲輔國大將軍、襄陽侯，[17]杜預當陽侯，王戎安豐侯，唐彬上庸侯，賈充、琅邪王伷以下增封。於是論功行封，賜公卿以下帛各有差。六月丁丑，初置翊軍校尉官。[18]封丹水侯睦爲高陽王。甲申，東夷十國歸化。秋七月，虜軻成泥寇西平、浩亹，[19]殺督將以下三百餘人。東夷二十國獻。[20]庚寅，以尚書魏舒爲尚書右僕射。[21]八月，車師前部遣子入侍。[22]己未，封皇弟延祚爲樂平王。[23]白龍三見于永昌。[24]九月，群臣以天下一統，屢請封禪，[25]帝謙讓弗許。冬十月丁巳，除五女復。[26]十二月戊辰，廣漢王贊薨。

[1]三月壬寅：原本、宋本、殿本作“壬申”，據中華本校勘記改。

[2]建鄴：即建業，孫吴首都（今江蘇省南京市）。　石頭：石頭城，故址在今江蘇省南京市清涼山。

[3]面縛輿櫬：雙手反綁，車載空棺，表示投降並自請極刑。櫬，棺材。

[4]克州四：克，殿本作“得”。

[5]吏三萬二千：二，殿本作“三”。

[6]乙酉：中華本校勘記：“三月戊子朔，無乙酉。《通鑑》八一作‘四月乙酉’，爲四月二十九日。”

[7]高平：郡名，治所在昌邑縣（今山東省巨野縣南）。

[8]揚越：指揚州、會稽一帶。

[9]頓丘：郡名，治所在頓丘縣（今河南省浚縣北）。

[10]三河：河南、河内、河東三郡的合稱，相當今河南省伊河、洛河流域與黄河以北及山西省南部一帶。　魏郡：治所在鄴縣（今河北省臨漳縣西南）。

[11]五月辛亥：《三國志》卷四八《吴書·三嗣主傳》載：太康元年（280）五月辛亥，孫皓舉家遷入洛陽。而在此前的四月甲申，晋武帝就下詔封孫皓爲歸命侯。《資治通鑑》卷八一《晋紀》武帝太康元年：“夏，四月，甲申，詔賜孫皓爵歸命侯。”五月丁亥朔，孫皓至洛陽。

[12]中郎：郎官，原來分屬五官、左、右中郎將，魏晋有時不

置三署，但仍置中郎，無固定職掌，作爲儲備人才。八品。

[13]郎中：官名，尚書省郎曹長官。位次尚書、左右丞，分曹執行政務。與“尚書郎”互稱。六品。

[14]丙寅：中華本校勘記：“五月丁亥朔，無丙寅。丙寅及此下丁卯、庚午、庚辰、丁丑、甲申，皆在六月内，下文‘丁丑’前‘六月’二字應在‘丙寅’上。又庚辰爲六月二十五日，丁丑爲二十二日，日序亦倒。”

[15]酃渌酒：美酒名。《文選·張協〈七命八首〉》注引盛弘之《荆州記》：“渌水出豫章康樂縣，其間烏程鄉有酒官，取水爲酒。酒極甘美，與湘東酃湖酒，年常獻之，世稱酃渌酒。”《資治通鑑》卷一六四《梁紀》承圣元年：“陸納襲擊衡州刺史丁道貴於渌口。”胡三省注：“衡州，治衡陽縣。縣東二十里有酃湖，其水湛然緑色，取以釀酒，甘美，謂之酃渌。”

[16]郡國大雹：大，殿本作“六”。

[17]輔國大將軍：官名，高級統帥。禄與特進同，二品。若開府則位與公同，進爲一品。

[18]翊軍校尉：官名，地位與北軍五校尉同。皇帝出行，與五校並行護駕。四品。

[19]西平：郡名，治所在西都縣（今青海省西寧市）。　浩亹：縣名，治所在今甘肅省永登縣西南大通河東岸。

[20]二十國獻：殿本“獻”字前有一“朝”字。

[21]魏舒：字陽元，本書卷四一有傳。

[22]車師前部：本西域城國，國都在交河城（今新疆維吾爾自治區吐魯番市西北），屬西域都護府，後稱車師前部。

[23]延祚：司馬延祚，字大思，本書卷三八有傳。

[24]永昌：縣名，治所在今湖南省祁東縣西北。

[25]封禪：帝王爲表明自己受命於天所舉行的祭祀典禮。一般在泰山舉行。

[26]除五女復：取消“家有五女者給復”的政策。此政策見

咸寧元年二月。

二年春二月，淮南、丹楊地震。[1]三月丙申，安平王敦薨。[2]賜王公以下吴生口各有差。詔選孫皓妓妾五千人入宫。東夷五國朝獻。夏六月，東夷五國内附。郡國十六雨雹，大風拔樹，壞百姓廬舍。江夏、泰山水，[3]流居人三百餘家。秋七月，上黨又暴風雨雹，[4]傷秋稼。八月，有星孛于張。[5]冬十月，鮮卑慕容廆寇昌黎。[6]十一月壬寅，大司馬陳騫薨。有星孛于軒轅。[7]鮮卑寇遼西，[8]平州刺史鮮于嬰討破之。[9]

[1]淮南：郡名，治所在壽春縣（今安徽省壽縣）。　丹楊：郡名，治所在建鄴縣（今江蘇省南京市）。

[2]敦：司馬敦，司馬懿之孫，安平王司馬邕第四子。

[3]泰山：郡名，治所在奉高縣（今山東省泰安市東）。

[4]上黨：郡名，治所在潞縣（今山西省黎城縣南）。

[5]張：星名，二十八宿之一。朱雀七宿的第五宿，有星六顆，在長蛇座内。

[6]慕容廆：字弈洛瓌，本書卷一〇八有載記。　昌黎：郡名，治所在昌黎縣（今遼寧省義縣）。

[7]軒轅：星座名。在斗宿北。共十七星，蜿蜒如龍，故稱。

[8]遼西：郡名，治所在陽樂縣（今河北省盧龍縣東南）。

[9]鮮于嬰：西晋人，歷任平州刺史、護東夷校尉等職。因不救夫餘，被免官。

三年春正月丁丑，罷秦州，并雍州。甲午，以尚書張華都督幽州諸軍事。[1]三月，安北將軍嚴詢敗鮮卑慕容廆於昌黎，[2]殺傷數萬人。夏四月庚午，太尉、魯公賈充薨。閏月丙子，司徒、廣陸侯李胤薨。己丑，[3]白龍二見于濟南。[4]秋七月，罷平州、寧州刺史三年一入奏事。九月，東夷二十九國歸化，獻其方物。吴故將莞恭、帛奉舉兵反，攻害建鄴令，[5]遂圍揚州，徐州刺史嵇喜討平之。冬十二月甲申，以司空齊王攸爲大司馬、督青州諸軍事，[6]鎮東大將軍、琅邪王伷爲撫軍大將軍，[7]汝南王亮爲太尉，光禄大夫山濤爲司徒，尚書令衛瓘爲司空。丙申，詔四方水旱甚者無出田租。

[1]張華：字茂先，本書卷三六有傳。　都督幽州諸軍事：幽州地區最高軍政長官，總管此地區的軍務、政務。

[2]安北將軍：官名，東漢建安年間置，與安東、安南、安西將軍合稱四安將軍，爲出鎮某一地區的軍事長官，或作爲刺史等兼理軍務的加官，權任頗重。三品，加持節都督者二品。

[3]己丑：原本、宋本、殿本作“癸丑”，即是年閏四月癸丑。按閏四月丙子朔，月内無癸丑。《宋書》卷二八《符瑞志中》：“太康三年閏四月己丑，白龍二見濟南歷城。”牛繼清先生認爲此“癸丑”爲“己丑”之誤。（參見牛繼清、張林祥《十七史疑年録》，黄山書社 2007 年版，第 38 頁）據改。

[4]濟南：郡名，治所在歷城縣（今山東省濟南市）。

[5]建鄴令：官名，建鄴縣長官。西晉滅吴後，將其國都降爲縣，治所在今江蘇省南京市。置令。

[6]督青州諸軍事：青州地區最高軍政長官，總管此地區的軍政事務。

[7]撫軍大將軍：中華本校勘記認爲“撫軍”二字衍。

四年春正月甲申，[1]以尚書右僕射魏舒爲尚書左僕射，下邳王晃爲尚書右僕射。戊午，司徒山濤薨。二月己丑，立長樂亭侯寔爲北海王。[2]三月辛丑朔，[3]日有蝕之。癸丑，大司馬齊王攸薨。夏四月，任城王陵薨。五月己亥，大將軍、琅邪王伷薨。徙遼東王蕤爲東萊王。六月，增九卿禮秩。牂柯獠二千餘落内屬。[4]秋七月壬子，以尚書右僕射、下邳王晃爲都督青州諸軍事。丙寅，兖州大水，復其田租。八月，鄯善國遣子入侍，[5]假其歸義侯。以隴西王泰爲尚書右僕射。冬十一月戊午，新都王該薨。[6]以尚書左僕射魏舒爲司徒。十二月庚午，大閲于宣武觀。是歲，河南及荆州、揚州大水。[7]

[1]四年春正月甲申：中華本校勘記："正月辛丑朔，無甲申。二月辛未朔，甲申爲是月十四日。"

[2]寔：司馬寔，字景期，本書卷三八有傳。

[3]三月辛丑朔：中華本校勘記："三月庚子朔，辛丑爲初二日。'朔'字疑衍，或'辛丑'爲'庚子'之誤。"

[4]牂柯：郡名，西漢武帝置，治所在故且蘭縣（今貴州省黄平縣西南），西晋治所在萬壽縣（今貴州省甕安縣東北）。　獠(lǎo)：亦作"僚"，古族名，分佈於今四川、陝西、貴州、雲南、廣西等地。

[5]鄯善：西域國名，國都在伊循城（今新疆維吾爾自治區若羌縣東）。

[6]該：司馬該，字玄度，本書卷六四有傳。

[7]揚州：揚，原本、宋本作"楊"，殿本作"揚"，據殿本改。

五年春正月己亥，青龍二見于武庫井中。二月丙寅，立南宫王子玷爲長樂王。[1]壬辰，地震。夏四月，任城、魯國池水赤如血。[2]五月丙午，宣帝廟梁折。六月，初置黄沙獄。[3]秋七月戊申，皇子恢薨。[4]任城、梁國、中山雨雹，[5]傷秋稼。減天下户課三分之一。九月，南安大風折木，郡國五大水，隕霜，傷秋稼。冬十一月甲辰，太原王輔薨。十二月庚午，大赦。林邑、大秦國各遣使來獻。[6]閏月，鎮南大將軍、當陽侯杜預卒。

[1]南宫王子玷：中華本校勘記："《安平獻王孚傳》'玷'作'祐'，《太平寰宇記》六三亦作'祐'。"

[2]任城：封國名，治所在任城縣（今山東省微山縣西北）。魯國：治所在魯縣（今山東省曲阜市東）。

[3]黄沙獄：官署名，主管詔獄案件之審理及覆核廷尉所處理的案件。

[4]恢：司馬恢，字思度，本書卷六四有傳。

[5]中山：山名，位於今河北省青縣南二里。

[6]大秦：域外國名，本書卷九七有傳。

六年春正月庚申朔，[1]以比歲不登，免租貸宿負。戊辰，以征南大將軍王渾爲尚書左僕射，尚書褚䂮都督揚州諸軍事，楊濟都督荆州諸軍事。三月，郡國六隕霜，傷桑麥。夏四月，扶南等十國來獻，參離四千餘落内附。郡國四旱，十大水，壞百姓廬舍。秋七月，巴西地震。[2]八月丙戌朔，日有蝕之。減百姓綿絹三分之一。白龍見于京兆。[3]以鎮軍大將軍王濬爲撫軍大將軍。九月丙子，山陽公劉康薨。冬十月，南安山崩，水出。南陽郡獲兩足獸。[4]龜兹、焉耆國遣子入侍。[5]十二月甲申，大閲于宣武觀，旬日而罷。庚子，[6]撫軍大將軍、襄陽侯王濬卒。

[1]正月庚申朔：庚，原本、宋本、殿本作"庚"，中華本作"甲"，並出校勘記："正月庚申朔，甲申爲二十五日，疑'甲'爲'庚'字之誤。下文'戊辰'爲初九日，如作'甲申'，日序不合。"

[2]巴西：郡名，治所在閬中縣（今四川省閬中市）。

[3]京兆：郡名，治所在長安縣（今陝西省西安市西北）。

[4]南陽郡：治所在宛縣（今河南省南陽市）。

[5]龜兹：西域國名，本書卷九七有傳。

[6]庚子：子，殿本作"寅"。

七年春正月甲寅朔，日有蝕之。乙卯，詔曰："比年灾異屢發，日蝕三朝，地震山崩。邦之不臧，[1]實在朕躬。公卿大臣各上封事，極言其故，勿有所諱。"夏五月，郡國十三旱。鮮卑慕容廆寇遼東。[2]秋七月，朱提山崩，[3]犍爲地震。[4]八月，東夷十一國内附。京兆地震。九月戊寅，驃騎大將軍、扶風王駿薨。郡國八大水。冬十一月壬子，以隴西王泰都督關中諸軍事。十二月，遣侍御史巡遭水諸郡。[5]出後宫才人、妓女以下二百七十人歸于家。[6]始制大臣聽終喪三年。己亥，河陰雨赤雪二頃。[7]是歲，扶南等二十一國、馬韓等十一國遣使來獻。[8]

[1]邦之不臧：國家治理得不好。臧，善，好。

[2]遼東：郡名，治所在襄平縣（今遼寧省遼陽市）。

[3]朱提：郡名，治所在朱提縣（今雲南省昭通市）。

[4]犍（qián）爲：郡名，治所在武陽縣（今四川省眉山市彭山區東）。

[5]侍御史：官名，簡稱御史、侍御。御史臺屬官，曹魏時分掌治書、課第等八曹，尚書、符節等三臺。西晋時分掌吏、課第、直事、印、中都督、外都督、媒、符節、水、中壘、軍營、法、算十三曹。六品。

[6]妓女：宫中女伎，女樂人。　二百七十人：二，殿本作“三”。

[7]河陰：縣名，治所在今河南省洛陽市東北。

[8]馬韓：域外國名，本書卷九七有傳。

八年春正月戊申朔，日有蝕之。太廟殿陷。三月乙丑，臨商觀震。[1]夏四月，齊國、天水隕霜，[2]傷麥。六月，魯國大風，拔樹木，壞百姓廬舍。郡國八大水。秋七月，前殿地陷，深數丈，中有破船。八月，東夷二國内附。九月，改營太廟。冬十月，南康平固縣吏李豐反，[3]聚衆攻郡縣，自號將軍。十一月，海安令蕭輔聚衆反。[4]十二月，吴興人蔣迪聚黨反，[5]圍陽羨縣，[6]州郡捕討，皆伏誅。南夷扶南、西域康居國各遣使來獻。[7]是歲，郡國五地震。

[1]臨商觀：《説郛》卷六一陸機《洛陽記》載：“宫中有臨商、陵雲、宣曲、廣望、閬風、萬世、修齡、總章、聽訟凡九觀，皆高十六七丈，雲母窗，日曜之有光。”

[2]齊國、天水隕霜：天水，原本、宋本、殿本作“大水”，據中華本校勘記改。齊國，治所在臨淄縣（今山東省淄博市東北）。天水，郡名，東漢、三國魏治所在冀縣（今甘肅省甘谷縣東南），西晋治所在上邽縣（今甘肅省天水市）。

[3]南康：郡名，西晋治所在雩都縣（今江西省于都縣東北），東晋永和五年（349）移治贑縣（今江西省贑州市西南）。　平固：縣名，治所在今江西省興國縣南。

[4]海安：縣名，治所在今廣東省臺山市西南。

[5]吴興：郡名，治所在烏程縣（今浙江省湖州市南）。

[6]陽羡縣：治所在今江蘇省宜興市南。

[7]康居：西域國名，本書卷九七有傳。

九年春正月壬申朔，日有蝕之。詔曰：“興化之本，由政平訟理也。[1]二千石長吏不能勤恤人隱，而輕挾私故，興長刑獄，又多貪濁，煩撓百姓。其敕刺史二千石糾其穢濁，舉其公清，有司議其黜陟。令内外群官舉清能，拔寒素。”江東四郡地震。二月，尚書右僕射、陽夏侯胡奮卒，以尚書朱整爲尚書右僕射。[2]三月丁丑，皇后親桑于西郊，賜帛各有差。壬辰，初并二社爲一。夏四月，江南郡國八地震；隴西隕霜，傷粟麥。[3]五月，義陽王奇有罪，[4]黜爲三縱亭侯。詔内外群官舉守令之才。六月庚子朔，日有蝕之。徙章武王威爲義陽王。郡國三十二大旱，傷麥。秋八月壬子，星隕如雨。詔郡國五歲刑以下决遣，無留庶獄。九月，東夷七國詣校尉内附。[5]郡國二十四螟。冬十二月癸卯，立河間平王洪子英爲章武王。[6]戊申，青龍、黄龍各一見于魯國。

[1]政平訟理：政治安定，訴訟可以申訴。理，申訴，辯白。

[2]朱整：西晋人，歷任尚書、尚書右僕射。

[3]傷粟麥：粟，殿本作“宿”。

[4]奇：司馬奇，司馬望之子，好畜聚，貪得無厭。因遣三部使到交廣商貨，爲有司所奏劾。太康九年（288），詔貶爲三縱亭侯。

[5]校尉：官名，此爲東夷校尉，亦稱護東夷校尉。掌東北地區少數民族事務。四品。

[6]立河間平王洪子英爲章武王：中華本校勘記：“本書《河間王洪傳》稱，洪二子威、混，無名英者。威嗣洪，徙封章武。其後威出繼義陽王望，又立混爲嗣。傳云威出繼在太康九年，與英受封章武王正在同年。《成紀》咸和六年下有以‘章武王混子珍爲章武王’之文，則此處‘英’當爲‘混’字之誤。”

十年夏四月，以京兆太守劉霄、陽平太守梁柳有政績，[1]各賜穀千斛。郡國八隕霜。太廟成。乙巳，遷神主于新廟，帝迎于道左，遂祫祭。[2]大赦，文武增位一等，作廟者二等。丁未，尚書右僕射、廣興侯朱整卒。癸丑，崇賢殿災。五月，鮮卑慕容廆來降，東夷十一國内附。六月庚子，山陽公劉瑾薨。復置二社。冬十月壬子，徙南宫王承爲武邑王。十一月庚辰，[3]守尚書令、左光禄大夫荀勖卒。[4]帝疾瘳，賜王公以下帛有差。含章殿鞠室火。[5]甲申，以汝南王亮爲大司馬、大都督、假黄鉞。改封南陽王柬爲秦王，始平王瑋爲楚王，濮陽王允爲淮南王，並假節之國，各統方州軍事。立皇子乂爲長沙王，[6]穎爲成都王，[7]晏爲吴王，[8]熾爲豫章王，[9]演爲代王，[10]皇孫遹爲廣陵王。[11]立濮陽王子迪爲漢王，[12]始平王子儀爲毗陵王，[13]汝南王次子羕爲西陽公。[14]徙扶風王暢爲順陽王，[15]暢弟歆爲新野公，[16]琅邪王覲弟澹爲東武公，[17]繇爲東安公，[18]漼爲廣陵公，[19]卷爲東莞公。[20]改諸王國相爲内史。十二月庚寅，[21]太廟梁折。是歲，東夷絶遠三十餘國、西南夷二十餘國來獻。虜奚軻男女十萬口來降。[22]

[1]陽平：郡名，治所在元城縣（今河北省大名縣東北）。

[2]祫祭：皇帝祭祀祖先的禮儀。《禮記·曾子問》："祫祭於祖，則迎四廟之主。主出廟入廟必蹕。"孔穎達疏："祫，合祭祖。太祖三年一祫。謂當祫之年則祝迎高、曾、祖、禰四廟，而於太祖廟祭之。"

[3]十一月庚辰：庚，原本、宋本、殿本作"景"，即"丙"的避諱字。牛繼清先生考證，是年十一月壬戌朔，月内無丙辰。"含章殿鞠室火"，《宋書》卷三二《五行志三》、《晋書》卷二七《五行志上》均在"十月庚辰"。十月壬辰朔，月内無庚辰，當爲十一月之誤。庚辰爲十一月十九日，合序。此"丙辰"爲"庚辰"之訛。（參見牛繼清、張林祥《十七史疑年録》，黄山書社 2007 年，第 39 頁）據改。

[4]左光禄大夫：官名，齊王曹芳正始元年（240）在光禄大夫上增置左、右，位在光禄大夫上。在朝顯職的加官，或授予年老有病致仕者，或授予死者。西晋時禄賜與特進同。二品，開府位從公者一品。

[5]鞠室：古代蹴鞠的區域、場所。《漢書》卷五五《霍去病傳》"而去病尚穿域蹋鞠也"，顔師古注引漢服虔曰："（穿域）穿地作鞠室也。"

[6]皇子乂：司馬乂，字士度，本書卷五九有傳。原本、宋本"皇"字後有"太"字，殿本無，據殿本删。

[7]穎：司馬穎，字章度，本書卷五九有傳。

[8]晏：司馬晏，字平度，本書卷六四有傳。

[9]熾：司馬熾，即晋懷帝，字豐度，本書卷五有紀。

[10]演：司馬演，字弘度，本書卷六四有傳。

[11]遹：司馬遹，字熙祖，本書卷五三有傳。

[12]迪：司馬迪，司馬允之子，後爲趙王司馬倫所害。

[13]儀：司馬儀，本書無載。檢始平王有二，一爲武帝子司馬裕，無子。二爲司馬瑋，亦無子。

[14]羕：司馬羕，字延年，本書卷五九有傳。

[15]暢：司馬暢，字玄舒，本書卷三八有傳。

[16]歆：司馬歆，字弘舒，本書卷三八有傳。

[17]覲：司馬覲，字思祖，本書卷三八有傳。　澹：司馬澹，字思弘，本書卷三八有傳。

[18]繇：司馬繇，字思玄，本書卷三八有傳。

[19]漼：司馬漼，字思冲，本書卷三八有傳。

[20]卷：司馬卷，本書無他載。

[21]十二月庚寅：中華本校勘記："十二月辛卯朔，無庚寅。《五行志》上、《宋書・五行志》一、《通典》五一引河南孫平子封事並作十一月。庚寅爲十一月二十九日。"

[22]虜奚軻男女十萬口來降：原本、宋本"虜"後有"壬戌"二字，殿本"虜"前有"壬戌"二字。據中華本校勘記刪。

太熙元年春正月辛酉朔，改元。己巳，[1]以尚書左僕射王渾爲司徒，司空衞瓘爲太保。二月辛丑，東夷七國朝貢。琅邪王覲薨。三月甲子，以右光禄大夫石鑒爲司空。夏四月辛丑，以侍中車騎將軍楊駿爲太尉、都督中外諸軍、録尚書事。[2]己酉，帝崩于含章殿，時年五十五，葬峻陽陵，廟號世祖。

[1]己巳：己，殿本作“乙”。

[2]都督中外諸軍：官名，亦稱都督中外諸軍事。全國最高軍事統帥，總統中央地方的内外諸軍，權力極大。　録尚書事：官名，初爲職銜名，重臣加此名義始得總知國事，綜理政務，成爲真宰相。魏晋多以公卿權重者居之，總領尚書省政務，凡重號將軍、刺史皆得命曹授用，位在三公之上。

帝宇量弘厚，造次必於仁恕；[1]容納讜正，未嘗失色於人；明達善謀，能斷大事，故得撫寧萬國，綏静四方。承魏氏奢侈刻弊之後，[2]百姓思古之遺風，乃厲以恭儉，敦以寡欲。有司嘗奏御牛青絲紖斷，[3]詔以青麻代之。臨朝寬裕，法度有恒。高陽許允既爲文帝所殺，允子奇爲太常丞。[4]帝將有事於太廟，朝議以奇受害之門，不欲接近左右，[5]請出爲長史。帝乃追述允夙望，稱奇之才，擢爲祠部郎，[6]時論稱其夷曠。[7]平吴之後，天下乂安，遂怠於政術，耽於游宴，寵愛后黨，親貴當權，舊臣不得專任，彝章紊廢，[8]請謁行矣。[9]爰至末年，知惠帝弗克負荷，然恃皇孫聰睿，故無廢立之心。復慮非賈后所生，[10]終致危敗，遂腹心共圖後事。説者紛然，久而不定，竟用王佑之謀，[11]遣太子母弟秦王柬都督關中，[12]楚王瑋、淮南王允並鎮守要害，以强帝室。又恐楊氏之逼，復以佑爲北軍中候，以典禁兵。既而寢疾彌留，至於大漸，[13]佐命元勛，皆已先没，群臣惶惑，計無所從。會帝小差，有詔以汝南王亮輔政，又欲令朝士之有名望年少者數人佐之，楊駿秘而不宣。帝復尋至迷亂，楊后輒爲詔以駿輔政，[14]促亮進發。帝尋小間，[15]問汝南王來未，意欲見之，有所付託。左右答言未至，帝遂困篤。中朝之亂，實始于斯矣。

[1]造次必於仁恕：即使在短促的時間内也一定不忘仁恕。造次，倉促、匆忙。

[2]承魏氏奢侈刻弊之後：刻，殿本作“革”。

[3]紖：牛鼻繩。亦泛指牽引牲口的繩索。

[4]奇：許奇，字子泰，有治理才學。晋元康中，官至司隸校尉。　太常丞：官名，太常副貳，掌管宗廟祭祀禮儀的具體事務。七品。

[5]不欲接近左右：殿本無“左右”二字。

[6]祠部郎：官名，亦稱祠部郎中，尚書祠部曹長官，多以明禮通儒擔任。六品。

[7]夷曠：平和曠達。

[8]彝章紊廢：常典紊亂廢弛。彝章，常典，舊典。

[9]請謁：請托，拜謁。

[10]賈后：惠帝皇后賈南風，本書卷三一有傳。

[11]王佑：西晋太原晋陽（今山西省太原市西南）人，王濟從兄，任河東太守。佑，原本、宋本作“祐”，殿本作“佑”，據殿本及本書卷四二《王濟傳》、卷七五《王嶠傳》改。

[12]關中：地區名，函谷關以西秦國故地，包括今河南省靈寶市以西及陝西省、甘肅省東部和四川省部分地區。

[13]大漸：病危。

[14]楊后：武帝皇后，楊駿女，字季蘭，本書卷三一有傳。　輒爲詔以駿輔政：原本、宋本“輒”字後衍“以”字，殿本無，據殿本删。

[15]小間：病稍有好轉。

制曰：武皇承基，誕膺天命，[1]握圖御宇，[2]敷化導民，以佚代勞，以治易亂。絶縑綸之貢，去雕琢之飾，制奢俗以變儉約，止澆風而反淳朴。雅好直言，留心采擢，劉毅、裴楷以質直見容，[3]嵇紹、許奇雖仇讎不棄。[4]仁以御物，寬而得衆，宏略大度，有帝王之量焉。於時民和俗静，家給人足，聿修武用，[5]思啓封疆。決神算於深衷，斷雄圖於議表。馬隆西伐，王濬南征，師不延時，獯虜削迹，[6]兵無血刃，揚越爲墟。通上代之不通，服前王之未服。禎祥顯應，[7]風教肅清，天人之功成矣，霸王之業大矣。雖登封之禮，[8]讓而不爲，驕泰之心，因斯以起。見土地之廣，謂萬葉而無虞；睹天下之安，謂千年而永治。不知處廣以思狹，則廣可長廣；居治而忘危，則治無常治。加之建立非所，委寄失才，志欲就於升平，行先迎於禍亂。是猶將適越者指沙漠以遵途，欲登山者涉舟航而覓路，所趣逾遠，所尚轉難，南北倍殊，高下相反，求其至也，不亦難乎！况以新習易動之基，[9]而無久安難拔之慮，故賈充凶豎，懷奸志以擁權；楊駿豺狼，苞禍心以專輔。及乎宫車晚出，[10]諒闇未周，[11]藩翰變親以成疏，[12]連兵競滅其本；棟梁回忠而起僞，擁衆各舉其威。曾未數年，綱紀大亂，海内版蕩，[13]宗廟播遷。帝道王猷，反居文身之俗；神州赤縣，翻成被髮之鄉。棄所大以資人，掩其小而自託，爲天下笑，其故何哉？良由失慎於前，所以貽患於後。且知子者賢父，知臣者明君；子不肖則家亡，臣不忠則國亂；國亂不可以安也，家亡不可以全也。是以君子防其始，聖人閑其端。[14]而世祖惑荀勖之奸謀，迷王渾之僞策，心屢移於衆口，事不定於己圖。元海當除而不除，[15]卒令擾亂區夏；惠帝可廢而不廢，[16]終使傾覆洪基。全一人者德之輕，[17]拯天下者功之重，棄一子者忍之小，安社稷者孝之大；况乎資三世而成業，延二孽以喪之，所謂取輕德而捨重功，畏小忍而忘大孝。聖賢之道，豈若斯乎！雖則善始於初，而乖令終於末，所以殷勤史策，[18]不能無慷慨焉。

[1]誕膺天命：承受天命。誕膺，承受。《尚書·武成》："我文考文王，克成厥勛，誕膺天命，以撫方夏。"孔安國傳："大當天命。"

[2]握圖御宇：即帝位統御天下。握圖，即握符，指受命於天的符命。

[3]劉毅：字仲雄，本書卷四五有傳。　裴楷：字叔則，本書卷三五有傳。

[4]嵇紹：字延祖，本書卷八九有傳。

[5]聿修武用：繼承發揚先人的武業。聿修，繼承發揚先人事業。

[6]獯虜：對北方少數民族的蔑稱。

[7]禎祥：吉祥幸福的徵兆。

[8]登封之禮：封禪大禮。封，原本、宋本作"豐"，殿本作"封"，據殿本改。

[9]新習易動之基：習，殿本作"集"。

[10]宫車晚出：即宫車晏駕，此指司馬炎之死。

[11]諒闇：皇帝居喪。

[12]藩翰：捍衛王室的藩國。

[13]版蕩：《詩·大雅》有《板》《蕩》兩篇，皆刺周厲王暴虐無道，而致天下不寧。版，同“板”。後因以“版蕩”指動亂不安。

[14]閉其端：閉，殿本作“閑”。

[15]元海：劉淵，本書卷一〇一有載記。

[16]惠帝：司馬衷，本書卷四有紀。

[17]全一人者德之輕：殿本“全”字前有一“夫”字。

[18]殷勤：關注。